SHODENSHA
SHINSHO

国連広報官に学ぶ
問題解決力の磨き方

植木安弘

祥伝社新書

はじめに

二十世紀は戦争の世紀と言われた。二度にわたる未曾有《みぞう》の世界大戦を経験し、ジェノサイドと呼ばれる大量虐殺《ぎゃくさつ》事件が繰り返され、冷戦後は内戦が各地で勃発《ぼっぱつ》した。他方、世界経済は大きな躍進を遂《と》げ、技術革新やコミュニケーション、輸送などの驚異的な発達でグローバリゼーションが急速に進んだ。「歴史の終焉《しゅうえん》」と言われる中で、二十一世紀はより平和な世界になるかと思いきや、九・一一同時テロ事件が起き、混迷の世紀の幕開けを告げた。

新たな二十一世紀を生き抜いていくために、我々はまず大きな世界の流れを把握《はあく》し、国際社会が直面しているグローバルな問題を理解していかなければならない。というのは、グローバリゼーションが深化していく中で、一国、一社会で解決できない問題や課題が山積しているからである。

急速に進む地球の温暖化に伴《ともな》う気候変動は、まさにその典型である。国際テロ組織の拡大は、当初の予想をはるかに超えて国際秩序への新たな挑戦となっている。国境を越えた麻薬取引や組織犯罪も拡大の一途をたどっている。鳥インフルエンザやエボラ出血熱などの感染病は国際的あるいは地域的に大きな被害をもたらしうる。一国主義の平和など、もはや存続しえないのである。

世界の政治構造は、第二次世界大戦後の二極から、ソ連邦解体に伴う冷戦終了によって米国を中心とした一極構造になり、それが今、次第に多極化の構造に変化しつつある。米国は対テロ戦争やアフガニスタンやイラクでの長期的軍事介入、そしてリーマンショックなどに見られる国内経済の低迷で再度内向き傾向になり、世界の政治経済の牽引《けんいん》力としての指導力が相対的に後退しつつある。

中国はすでに日本を抜き世界第二の経済大国になっており、その勢いはまだしばらく続きそうである。欧州連合（EU）は、ユーロ危機やナショナリズムの高揚《こうよう》で政治統合が足踏みしているが、EU全体の経済力を合わせると米国に勝《まさ》るほどの力を持っている。

ロシアは、ウクライナのクリミア併合やウクライナ危機などにも見られるように自己勢力圏の維持拡大を狙《ねら》っている。さらに、インドやブラジルなどの新興国も拡大する経済力に伴って次第に国際社会への影響力を強めつつある。

そのような多極化は、大河の流れのようにその全貌《ぜんぼう》を摑《つか》みにくいものであるが、今後さらに進むと思われる。そして、この多極化はこれまで以上の平和と繁栄をもたらすのかというと、これまでの事態の推移からみて、必ずしもそのような方向に向かってはいない。世界秩序の守護神の力が弱くなることは世界がより複雑に、そして混迷度の増すことにつながる。

そのような中で、拡大するグローバルな問題にどう対処していったらいいのであろうか。また、グローバルな問題だけでなく、グローバル社会の一員たる日本や日本人は、日本が抱えるローカルな問題にどう対処していったらよいのであろうか。グローバルとローカルには密接な接点がある。

本書では、問題解決に必要な能力とは何か、約三〇年にわたり国連に勤務し、グローバルな視点から国際社会を見てきたその経験を基《もと》に分析してみる。イラク戦争前の国連大量破壊兵器査察団のバグダッド報道官の経験から学ぶメディアへの対応や、東ティモール問題の解決から学ぶこと、南アフリカの命運を左右した戦略的アプローチなどを紹介する。

そして、国連という国際機関のローカルな問題を見ながら、国際社会の現実、特に異文化社会が集まった組織でうまく働き生きていくためにはどうしたらよいか、また、そのような社会がセクハラなど各種の苦情や問題をどう処理しているのか学ぶことによって、ますます狭くなりつつある国際社会や、徐々に内部でも国際化しつつある日本社会はどう異文化の人達と交《まじ》わっていったらよいのかを考える材料を提供する。

最近「グローバル人材」や「グローバルな人材養成」が日本でも頻繁《ひんぱん》に聞かれるようになってきた。しかし、何がグローバル人材なのか、なぜそのような声が上がってきたのか。また、国連のような国際機関に入るにはどうしたらよいか、どのような学歴、経験、能力が必要なのだろうか。国連の人事・採用制度から見てみたい。

最後に、日本が関係している国連関連の問題のいくつかを分析する。

例えば、国際司法裁判所は日本の捕鯨に関して厳しい判決を下したが、そのような判決が日本の漁業のあり方に修正を余儀なくしている。それは勝ち負けあるいは哺乳類保護といった問題を超え、漁業資源の持続性への問いかけでもあり、日本としても新たな取り組みをしなくてはならない。

変遷《へんせん》、拡大しつつある国連平和維持活動への参加のあり方や、安保理改革への視点なども、日本は新たな時代への取り組みの一環として考えなければならない。
グローバルな視点からローカルな問題を処理し、ローカルな視点からグローバルな問題に取り組むことも大切である。国連といった国際機関をまったく別な世界と考える必要はない。国際機関もある種のローカルな社会なのである。グローバルもローカルも相互に学び合う。そのような観点から本書は書かれている。そこから一つでも学び、問題の解決に寄与できれば本望である。

二〇一五年一月

植木《うえき》　安弘《やすひろ》

目次

第2章　問題解決に必要な能力とは

第3章　国連という「ローカル」な社会
――組織のあり方から学ぶこと

第4章　国連の問題処理
——苦情や訴えにどう対応しているか

第5章　国連に採用されるために必要なもの
——グローバル人材の条件

第６章　日本の抱える問題と国連

第1章 国際社会の変動とグローバルな問題への対応

米国の地位低下と多極化へ移行する国際社会

子供の成長を日々近くで見ている人はその成長に気づきにくいように、現代の世界に生きている我々は、世界の構造が次第に変わりつつあることをなかなか実感できない。しかし、世界は多極化に向けてゆっくり、そして着実に移行しつつある。

問題は、世界の多極化がより平和な世界に導くのか、それともより複雑で困難な時代に向かうのかだが、これまでのところ答えは後者のようだ。つまり、世界はより不安定な時代に向かっており、その中でいかに世界、そして日本の平和と繁栄《はんえい》を持続していくか、二十一世紀を生きる我々に突き付けられた課題は大きい。

冷戦の二極構造が、ソ連の崩壊により米国を軸とした一極体制に変わったが、米国はその覇権を積極的に活用して国際政治をリードしていこうとはせず、逆に内向き姿勢を取り、内外のプレッシャーが高まってから行動を取る傾向が強くなった。

それが二〇〇一年九月十一日に起きた、テロ組織アルカイダ（アルカーイダ）の米国に対する同時テロ攻撃によって、米国の対外姿勢はより積極的になり、「テロとの戦争」を前面に出してアフガニスタンのアルカイダと組んだタリバン政権を倒した。

しかし、イラクに大量破壊兵器がある、アルカイダとつながっているとした戦争の根拠はいずれも誤った情報に基づいていたものであったことが判明し、米国はイラク統治の正当性と国際的信頼を失ってしまった。

イラクからの撤退は、その後シリア内戦と加わってイラクの不安定化を助長し、二〇一四年にはアルカイダ系のイラク・シリア・イスラム国家（ＩＳＩＳ）の国家樹立宣言にまで至った。米国はイラク、シリアでの軍事介入に踏み切らざるを得なくなった。

アフガニスタンでは民主的な政権移譲ができたが、タリバンとの抗争は続き、安定化にはまだほど遠い状況だ。米国は二〇一六年の軍事撤退を目指しているが、すでに一定規模の部隊を残留させることになっている。

他方、東アジアでは中国の台頭に伴い、近隣地域での軍事緊張が高まっており、米国としても「リバランス」の動きをみせ、日本やフィリピン、ベトナムなどとの連携を強めている。米国の政治的、軍事的、経済的な力はまだ世界的には全ての国を凌駕《りょうが》しているが、その相対的な地位は徐々に低下しつつある。

国際通貨基金（ＩＭＦ）統計では、二〇一三年、名目国内総生産（ＧＤＰ）で米国は世界の約二三パーセントを占めているが、中国は約一二パーセントで、米国の半分を超えた。二〇〇〇年には中国のGDPが米国の約九分の一だったことを考えると、中国の伸長は顕著だ。日本は約六・六パーセントで第三位に落ちている。

ストックホルム国際平和研究所（SIPRI）の統計によると、米国の軍事予算は二〇一三年現在六九〇〇億ドルでまだ圧倒的に多いが、一九九一年には世界の軍事予算の約四一パーセントを占めていた。二〇〇一年には三五パーセントまで下がり、その後のアフガニスタンやイラクでの戦争で軍事費が上がったが、イラクからの撤退もあり、二〇一三年には三七パーセントとなっている。

中国は一三〇〇億ドルで急激に軍事予算を増やしている。中国の軍事費は主に国内の軍事近代化と周辺地域での軍事力強化に費やされているが、米国の場合にはヨーロッパ、アジア、中東などグローバルな戦略的展開が必要とされているため、北大西洋条約機構（NATO）や日本、韓国など友邦との軍事提携が不可欠な展開要素となっている。

米国のもう一つの問題は、常に孤立主義と国際主義が拮抗《きつこう》していることである。米国の独立そのものが旧ヨーロッパの「古い政治」からの脱却も意味し、十九世紀の「モンロー宣言」はその象徴たるものだった。

アメリカのウィルソン大統領の呼びかけにより、第一次世界大戦後の新たな集団安全保障体制が国際連盟として発足したが、当のアメリカ自身はヨーロッパでの戦争への自動的参加を嫌った議会に加入を拒《こば》まれた。第二次世界大戦後、国際連合が発足してからは西側陣営のリーダーとして国際政治を率《ひき》いてきたが、冷戦終焉《しゅうえん》後は再度内向きとなり、自国の利害と直接的な関係のない、あるいは薄いところでは国連や他国に任せる傾向が強くなった。

九・一一後は逆に対テロ抗争で前面には出たものの、単独行動色が強くなり、イラク戦争では大きな痛手を蒙《こうむ》ることになる。オバマ政権になり、再び国際主義が前面に出るようになったが、その姿勢は慎重で、その信頼と指導力には若干の翳《かげ》りが出始めている。

米国や西側諸国が標榜《ひょうぼう》する自由と民主主義は、冷戦構造が崩壊した後、東欧に拡大し、二〇一一年には「アラブの春」の到来とともにアラブ社会に広がっていったが、エジプトでは民主選挙で勝ったムスリム同胞団の大統領が軍事クーデターで失脚し、軍部主導の体制に逆戻りした。

リビアでは「保護する責任」の発動に基づく国際社会の軍事介入でカダフィ政権が倒れ

たが、その後は武装民兵組織の抵抗で不安定な状況が続いている。シリアは内戦となり、国連などの調停にもかかわらずイスラム過激派勢力の伸長で内戦がむしろ激化している。

イスラム原理主義を標榜し、西側の価値、観念に対抗するテロ、ジハーディスト（聖戦者）組織は中東だけでなく、北アフリカやアフリカ中、西部へ拡大し、東南アジアや西南アジアでも一部のイスラム勢力がアルカイダへの忠誠を誓うなど、影響力を広げている。

資本主義経済は東西冷戦の終焉で世界経済の基本形態となったが、同時に二〇〇八年のリーマンショックや欧州連合（EU）のユーロ危機に見られるように、常に不安定の要素を含んでいる。また、経済成長は富の格差を生み、社会的差別や移民の排斥運動、失業の拡大などへの不満とともに、一部社会の過激化を呼び起こしている。

EU、中国は新たな中心となるか

EUはもともと第二次世界大戦で疲弊《ひへい》したヨーロッパの再興を目指して、二度の大戦を戦ったドイツとフランスを軸にした新たな経済協調体制作りから始まった。そしてその体制は西欧諸国全域に広がり、冷戦後は東欧にも拡大した。二〇一四年現在二八カ国が加盟しているが、ウクライナの加盟問題でＥＵとロシアの関係が悪化した。

関税障壁の撤廃や国境の開放などで域内の産業は活性化し、域全体で米国を凌《しの》ぐ経済力を付けてきているが、二〇〇九年以降中・東欧での金融危機、南欧諸国での債務の拡大と財政危機、それに伴う経済成長の鈍化と失業の拡大など、経済統合への努力に足止めがかかっている。

欧州議会選挙ではＥＵへの反対勢力が支持を高めており、一部の諸国ではＥＵ離脱の動きさえ出てきている。その意味では政治統合への道のりは険《けわ》しく、そう簡単に実現できる状況ではない。しかし、ＥＵ全体としての経済力は米国に並ぶものがあり、外交面でも共通外交政策を通して国際問題への積極的な関与を続けている。

中国の台頭は特に経済面で著《いちじる》しく、二〇一〇年には日本を抜いて世界第二の経済大国となった。経済成長率は鈍化したといっても七パーセント台をキープしており、二パーセント前後の米国経済成長率と比べても、いずれ近い将来、米国に追いつくのではないかと予測されている。

米国の元国務長官ヘンリー・キッシンジャーは、経済大国はいずれ軍事大国になるとの予想をしたことがあるが、中国の軍事費の伸び率も二〇一三年にはそれまでの七パーセント台から一二パーセント台に増加した。全体的な軍事の近代化を推進しているが、東シナ海や南シナ海での領有権争いや資源をめぐる緊張が高まる中、特に海軍力の増強に力を入れており、ウクライナからは空母を購入し、自国製空母の生産をも目指している。

中国の台頭は、すでに国際政治や経済に大きな影響を与え始めている。ウクライナ問題で西側諸国がロシアに対する経済制裁を発動させる中、ロシアは中国と天然ガス供給で大口の契約を結び、これに対抗している。

中国の当面の関心は、必要な経済成長を持続させるための資源外交である。そのためグローバルなレベルで資源の獲得に奔走《ほんそう》している。西沙《せいさ》諸島や南沙《なんさ》諸島で軍事力を動員して、領有権の主張や資源の探査を強化している背景には、これがある。中国はこれまではどちらかというと内向き志向で、国内の政治的安定と経済成長に主な関心があったが、対外的により積極的な行動に出てくるようになり、近隣諸国も警戒の度合いを高めている。

ただ、中国は国内でいくつもの難題を抱えている。一番の難題は一九八九年に起きた天安門事件で見られるように、一枚岩に見える国家支配がいつ民主化の挑戦を受けるか分からないことに対する懸念である。

インターネットやソーシャルメディアが拡大する中、情報統制にこれまで以上に神経質になっており、一国二制度を受け入れている香港での民主化要求にそう簡単には応じられない内的理由がある。

また、チベットや新疆《しんきょう》での反中央政府行動には神経を尖《とが》らせており、自治権あるいは分離要求は国家統治の不安材料にもなっている。環境問題の悪化、汚職、貧富の格差の増大など社会的不安や不満が噴き出す可能性もある。

ＢＲＩＣｓの台頭と日本の相対的低下

ブラジル、ロシア、インド、中国（ＢＲＩＣｓ）の台頭が言われてからしばらくになるが、ロシアについてはプーチン大統領の支配の下、「失われたソ連」の失地回復的な汎《はん》ロシア思想が強くなっており、グルジア（ジョージア）への軍事介入、クリミア半島併合に次ぐウクライナへの政治的軍事的関与は、警戒の念を持って受け止められている。

ロシアのＧＤＰは、低迷した一九九〇年代を経《へ》て、二〇一三年には世界の三・四パーセントにまで成長している。石油価格の上昇が経済成長を後押しした。軍事予算は六四〇億ドルで中国の約半分だが、イギリスやフランスの軍事予算を上回っている。

インドは二〇一四年五月の総選挙で勝利した野党バラティィヤ・ジャナタ党のナレンドラ・モディが首相となり、積極的な外交、経済政策を推し進めている。米国や中国との外交改善の動きも見せており、首脳会談も行なっている。

インドのGDPは、ロシアに匹敵する世界の三パーセントを占める規模に達しており、二〇一四年は五パーセント台の経済成長率が見込まれている。人口は二〇一四年の時点で中国に次ぐ一二・七億人であり、二〇三〇年までには中国を上回るとの予測も出ている。インドは国内のインフラ整備や貧困の克服、衛生環境の向上など内政上の課題は多い。モディ首相が出てきた背景には、彼の経済手腕に期待する声が強かったことがある。

ブラジルのGDPはすでに世界の三・六パーセントに達している。ロシアを上回ってイギリスやフランスと同レベルの経済規模になっており、さらに拡大傾向にある。二〇〇五～〇六年には石油生産で自給能力に達し、ラテンアメリカでは最大の経済規模を誇る。サッカーのワールドカップやオリンピック招致《しょうち》の背景にはこのような経済力の伸長がある。

貧富の格差の拡大や物価高による社会不満といった国内情勢はあるが、豊富な天然資源や経済開放政策、人口増などをベースにさらに経済規模が拡大しつつある。

日本の経済急成長の時代はバブルの崩壊を受け頓挫《とんざ》し、一九九〇年代に入ってからほぼ二〇年にわたって経済が低迷して、中国に抜かれ世界第三位となってしまった。二〇一二年に誕生した安倍政権の下で、「アベノミクス」による経済刺激政策が徐々に経済回復基調を取り戻しているが、日本の経済力の相対的低下が懸念されている。

また、少子化や高齢化により総人口が一・二七億人程度でピークに達し、現在は減少傾向にある。東アジアにおける政治的軍事的緊張の高まりの中で、日本も集団的自衛権の解釈変更などを通じてより積極的な対外姿勢を見せてきているが、憲法的制約や国民の平和意識の強さなどから、その積極性にはある程度の限界がある。

新たな経済成長を制約する構造的な要因をどう克服するか、技術革新で世界をリードできるか、日本社会の国際化をどのように進められるかなど日本に課された課題は多い。

二〇〇八年に開催されたG8の洞爺湖《とうやこ》サミットは新たな多極化時代の幕開けとなる出来事だった。リーマンショックを受けての金融危機や食糧危機など、世界経済の深刻な問題を討議する際、それまでの先進七カ国にロシアと地域機関EUを加えたG8体制に加え、新興経済国の五カ国（中華人民共和国・インド・ブラジル・メキシコ・南アフリカ）が招待され、グローバルな経済危機への対応を協議することになった。

そして、二〇一〇年にカナダのトロントで開催されたG8会合に続き、新興経済国一一カ国（中華人民共和国、インド、ブラジル、メキシコ、南アフリカ、オーストラリア、韓国、インドネシア、サウジアラビア、トルコ、アルゼンチン）を加えたG20サミットが開催され、トロント宣言でG20は国際経済協力での第一義的フォーラムとされた。G20は世界のGDPの約九〇パーセントを占める、国際経済政策の中心的な協議の場となったのである。

不安定な多極化への移行

国際社会の多極化は「国際関係の民主化」につながり、一見安定化の方向に進むかに見えるが、その移行期にあたってはむしろ不安定要因のほうが強く出始めている。それは国力の増大がナショナリズムの増大にもつながり、国益が相反する、あるいは衝突する場面が出てくるからである。

ウクライナを巡るロシアと西側諸国との衝突はその一例であり、また、中国と日本、フィリピン、ベトナム等との間の国境や資源開発を巡る緊張もその一例である。

ウクライナ問題では、ロシアのプーチン大統領はウクライナのEUやNATO加盟には反対であり、ウクライナ東部のロシア系住民の分離運動を支援して西側諸国の経済制裁に直面している。ロシアは独自の経済制裁を発動して対抗しているが、新たな冷戦の到来かと懸念される状況となっている。前述したように、中国の対外行動も近隣諸国に不安と懸念の材料を与えている。

移行期を巡る不安材料には、大国間の緊張や対立だけではなく、大国の手の行き届かない地域での世界秩序、あるいは地域的な秩序を揺り動かすような行動がいくつも起きていることがある。

北朝鮮の核開発や軍事力強化、イランの核開発疑惑などは地域の秩序にとって大きな不安定要因となっているし、二〇〇八年から二〇一四年にかけて三度起きたガザ戦争などは一時的であれ、中東での緊張を高めている。アフリカのスーダン、南スーダンや中央アフリカ共和国では内戦や内部対立が続いており、リビアなどでは無政府に近い状態の国内状況がある。このような状況を抑える力が欠如しており、内戦や内部対立を長期化させている。同じように懸念されるのが国際テロ組織の動向であるが、これは後述する。

グローバリゼーションの定義

「世界はフラットである」と、急速に進むグローバリゼーションをこう表現したのはニューヨークタイムズ紙のコラムニストでジャーナリストのトーマス・フリードマンだ。二〇〇五年に出版された著書（邦訳『フラット化する世界』）で、「丸い」地球を「フラット（たいら）」にする力として、フリードマンは冷戦後の資本主義経済の地球的規模での拡大に加え、インターネット時代の幕開けに象徴される情報コミュニケーション技術（ＩＣＴ）の急速な進化、生産から供給システムに至るまでの国境を越えた展開を挙げている。

グローバリゼーションという言葉にはいろいろな定義がある。その定義次第で、その内容と範囲が変わってくる。学者のマンフレッド・ステガーはその著『グローバリゼーション』でいくつもの定義を紹介しながら、それぞれに共通している性質のものがあり、簡略な定義として次の紹介をしている。

「グローバリゼーションとは、社会関係や意識が世界の時間と空間をまたいで拡大し、集中化していることを指す」（注：Manfred B. Steger, Globalization: A Very Short Introduction, Oxford University Press, UK, 2013）

要するに、世界を結びつける力、コネクティビティーが強まったということだが、ステガーは、これは単に情報コミュニケーション技術（ＩＣＴ）が世界を小さくしたということだけではなく、長年の貿易や工業化、近代化の流れの中で育《はぐく》まれたものであり、それが一九八〇～九〇年代以降、加速化したものだとしている。

ステガーはグローバリゼーションを経済的、政治的、文化的、生態的側面から分析している。経済的グローバリゼーションは、技術の急速な発達と市場経済の地球規模化で世界各地の経済的つながりが濃密なものになったことを表わす。

デジタル技術の発達は、貿易やサービスなど資本の動きを一段と加速し、世界貿易は一九四七年の五七〇億ドルから二〇一〇年には一四九兆ドルと、約二六倍に膨れ上がった。企業は大規模化、多国籍化し、その数は一九七〇年の七〇〇〇から二〇一二年には八万になった。各国のＧＤＰと企業の売上を合わせて比較してみると、世界の一〇〇位内に企業は四四社入る。中小国をはるかに上回る企業が多くなっているということである。

また、地域的自由貿易圏も拡大し、経済的国際機関も経済のグローバル化に大きく貢献している。経済的恩恵は世界的に広がり、絶対貧困層（一日の所得が一ドル二五セント以下）の半減という、国連の「ミレニアム開発目標」が期限の二〇一五年を待たずに三年早く実現してしまった。

ただ、二〇〇八年のリーマンショックで世界経済が大きなダメージを受けたように、経済の緊密化により、一部の先進地域での経済運営の失敗が世界に波及するといったマイナスの面も出ている。

政治的グローバリゼーションは、政治的つながりの拡大、緊密化ということになるが、相互依存の拡大や物、ヒト、技術の国境を越えたつながりは国家主権やグローバルな統治体制（ガバナンス）にどのような影響を与えるかという問題がある。

ステガーは、経済的グローバリゼーションと政治的グローバリゼーションは相互に関連しているが、主権国家はグローバルな市場メカニズムの影響で、その決定権限が狭まりつつあるとしている。ただ、国家は経済政策で市場を動かす能力は維持しており、また、教育やインフラ整備、ヒトの移動、さらに安全保障面でもまだ大きな決定権限を保っている。

文化面でのグローバリゼーションは、これまでの歴史的に起きてきた文化的接触に比べて、やはりその規模と速さで違いがみられる。インターネットやモバイル機器の飛躍的拡大が言語や音楽、イメージなどのグローバルな規模の伝達や共有につながっている。

ステガーはこの文化面でのグローバリゼーションを、文化一体化vs相違の顕在化、情報を伝達するメディア企業の役割、言語の世界化の三点から分析している。

文化の一体化は、ファッションや音楽、ダンス、映画、料理、言語などに最も端的に表われているが、グローバルとローカルな文化の「ハイブリッド化」現象が起きており、文化面でのグローバリゼーションはアンバランスな形で、そして時には矛盾を内包しながら進行しているとしている。

文化の流れを促進しているのは大型のメディア産業であり、二〇〇六年にはグーグルなど八社がメディア産業の三分の二の収益を占めている。また、世界の言語は集約化の方向に向かいつつあり、その中でも英語はインターネットの八〇パーセントの内容を占めるほどになっている、と紹介している。

生態系面でのグローバリゼーションは、気候変動や大気汚染、海洋汚染などに見られるような環境問題、生物多様性、さらにチェルノブイリや福島の原発事故により放射線被害などが国境を越えた問題となっていることから認識されている。

このような問題に対処するためには、国家や市民社会の一致団結した行動が必要だが、ステガーはこれに対して市場主義や消費の拡大といった社会的力が働いており、国家レベルでも国際レベルでもまだ対処が不十分との認識を共有している。

グローバリゼーションは、国際社会に大きな恩恵をもたらしているとともに、いくつものマイナスの影響も与えている。そのため、「オキュパイ（占拠）」運動に見られるような市民レベルでの経済のグローバリゼーションに対する抵抗や、貿易における保護主義の抵抗、極端な例では、西側の政治、経済、文化等の独占化に抵抗するアルカイダテロ組織に代表されるイスラム過激派勢力の武力抵抗などが起きている。

国際テロという二十一世紀の課題

国際テロは今に始まったものではないが、その拡大には驚くべきものがある。二〇〇一年九月十一日に起きた米国の同時テロ攻撃は、二十一世紀の大きな国際社会の課題が国際テロであることを告げた。

それまでのテロ活動は政治的目的が比較的明確なものが多かったが、九・一一テロ攻撃を仕掛けたアルカイダは単に米国をアラブ諸国の背後にある大敵と規定しただけでなく、近代から現代にかけて主流となった西欧的価値観への挑戦でもあった。そして、これは世界各地、特にイスラム圏で大きな影響を与え、テロ組織の分散と拡大につながった。

これに対し、国際社会の対応は必ずしも十分な効果を上げているというわけではない。二〇〇六年、国連総会は国際対テロ戦略を決議して四つの分野での行動指針を作成したが、その国際協調はまだ初歩的段階だと言える。

政治的目的を持った指導者の暗殺とか政府施設、軍、警察組織への攻撃は、歴史的に新しいものではない。しかし、一般市民を攻撃の直接目標としてのテロ行為は比較的最近のもので、アルジェリア独立運動組織が宗主国フランスに対して使用したのが最初と言われている。

アルカイダは、一九八〇年代のアフガニスタンでの対ソ連武装抵抗に加わったオサマ・ビン・ラーデンやアブドラ・アッザムらが一九八〇年代末に設立した組織で、一九九〇年代半ばに権力を握ったタリバンと手を組み、勢力の基盤を作った。

サウジアラビアやカタールなどで影響力を持つワハビズムと呼ばれるイスラム教スンニ派の分派で、イスラム教の聖典コーランに忠実な社会の建設を目標としたイスラム原理主義とシャーリア法の厳格な適用を標榜《ひょうぼう》し、イスラム教の他派や異教徒を敵とするグローバル・ジハード（聖戦）運動として支持者を集めてきた。

サウジアラビア政府など中東のアラブ諸国を支えているのは米国とし、米国を倒せばこれらの政府は崩れると考え、一九九八年にはナイロビとタンザニアの米国大使館を自爆テロで攻撃した。二〇〇〇年にはイェメンで米艦船コール号に小型ボートに爆薬を積んで体当たりした。これらの一連の事件が二〇〇一年の九・一一テロ攻撃につながっていく。

米国の「対テロ戦争」でタリバンが倒れ、アルカイダも拠点をパキスタンのトライバル・エリアと呼ばれるアフガニスタンと国境を接する地域に移して勢力を温存する。そしてアルカイダと呼応するテロ組織と手を組み、次第にその行動範囲を広げていく。紛争で国内統治が困難になったイエメンやソマリアなどで勢力を伸ばしていくが、紛争がテロ組織の拡大に貢献した。

不安定な政治緊張が続くイラクや、「アラブの春」で不安定になった中東の政治状況の中で、アルカイダの分派組織であるイスラム・マグレブ諸国のアルカイダ（ＡＱＩＭ）や、シリアの内戦に乗じてアルカイダ系テロ組織が外国からの義勇兵を集めてその影響力を高めていった。二〇一二年のマリの内戦では過激派が一時マリ北部を支配した。二〇一四年にはついにイラク北西部からシリア東部にかけてイスラム国（ＩＳ）樹立を宣言するまでになった。

他方、アフリカではナイジェリアでボコ・ハラムが過激派テロ戦術で首都アブジャの国連組織のあるビルなどを自爆テロ攻撃し、東部では学校や教会を攻撃したり、女生徒を三〇〇人余り誘拐したりして、その存在感を高めている。

米国は二〇一一年五月二日パキスタンのアッボッタバドで、ついにビン・ラーデンの隠れ家を襲撃し殺害する。これでアルカイダは大きな痛手を負ったものの、長年ビン・ラーデンを思想的に支えてきたエジプト人のアイマン・アル・ザワヒリが新たな指導者になり組織を継承していった。

アルカイダが限定的な政治目的を持ったテロ組織と異なる点は、思想を持っていることだ。その思想をインターネットや本国に帰ったメンバーによる勧誘などで支持者を増やし、新たな支持者をシリアやイラクなどの戦場へ送り、過激化させる。

シリアでの内戦では三つの過激派組織がアルカイダによって設立された。アフラル・アル・シャム、ジャブハット・アル・ヌスラとイラク・シリア・イスラム国家（ＩＳＩＳ）の三つだが、内部対立も起きており、アルカイダはＩＳＩＳの過激戦術を批判して破門している。

三年にわたるシリア内戦には、推定八〇カ国から一万五〇〇〇人を超える戦闘員がこれらの組織に参加し、そのうち約三〇〇〇人が西側諸国から来ているとされている。イギリスだけでも五〇〇人を超える人数が参加していると推定されている。二〇一四年六月の「イスラム国」宣言は、さらに諸外国からの戦闘員を引き付ける要因となっており、その数はさらに増えている。

国際テロ対処への課題は大きい。

・アルカイダとその分派が政治的に用いる思想、イスラム原理主義とシャーリア法に基づいたイスラム国家樹立構想にどう対処するか
・アルカイダとその分派のテロ行為にどう対処するか
・アルカイダとその分派のリクルート作戦にどう対処するか、特に映像やインターネット、ソーシャルメディアを使った戦術にどう対処するか
・紛争がテロを呼ぶ状況の中で、シリアやイラクの内戦にどう対処するか
・アルカイダとその分派の資金源となっている人質への支払いや麻薬取引にどう対処するか、ＩＳの場合石油の密輸をどうするか

テロ関連の国際条約は二〇一四年までにハイジャック禁止条約を含め一四採択されているが、それぞれの条約は個別のテロ行為を禁止するもので、国際テロそのものの定義はしていない。包括的国際テロ条約は国連で討議されたが、パレスチナ解放運動によるイスラ

エルへの攻撃が、民族解放行為なのかテロ行為なのか議論が分かれたため、国際テロに関する定義ができていない。

国際社会のテロへの対応

国連は一九九〇年代末から国際テロに対抗するため、様々な行動を取っている。アルカイダの一連のテロ攻撃を受け、安保理は一九九九年にアルカイダ・タリバン制裁措置を採択し、そのフォローアップ機関としてアルカイダ・タリバン制裁委員会を発足させた。

二〇〇一年の九・一一後、対テロ委員会（CTC）を設立し、アルカイダやタリバンなどのテロ組織の資金源を断つ措置を取った。この対テロ委員会を補佐する対テロ執行部（CTED）も設立している。さらに、二〇〇四年には一五四〇委員会を設立して、テロ組織が大量破壊兵器を入手することを阻止する措置を取った。一五六六作業部会も設置して、アルカイダやタリバン以外のテロ組織や個人を対象とした制裁措置を取ってきている。

拡大する国際テロに対して、国連総会は二〇〇六年に国際対テロ戦略を採択した。（1）

国際テロを醸成する原因除去に取り組む、（２）国際テロ行動へ対処する、（３）国家の対テロ能力を高める、（４）国際テロへの対処は人権を尊重する形で行なう、といったものだ。

この戦略を推進するため、国連は対テロ履行タスクフォース（ＣＴＩＴＦ）を設立し、国際刑事警察機構（インターポール）を含めた三四の国際機関や国連事務局関連オフィスの活動を調整、支援している。実際、アフリカのブルキナファソやナイジェリアに対してはそれぞれの要請に応じて各機関が政府の対テロ能力向上や対テロ教育を進めている。

また、二〇一二年にはサウジアラビア政府の資金援助で対テロセンター（ＣＴＣ）を設立して、国連機関の対テロ活動に資金的支援をしている。しかし、まだ十分な効果を挙げているとは言えない。それだけテロ組織の挑戦には根深いものがある。

各国政府もテロ行為を防ぐための措置は取ってきているが、主に国内での措置が多い。「ジハーディスト」と呼ばれるアルカイダシンパの多いイギリスでは、イスラム教コミュニティーやモスク、元ジハーディスト改宗派の財団などを通じて若いイスラム系の人達が過激化しないように努力をしている。また、シリアなどから本国に戻った若者をモニターしている。サウジアラビアなどはジハーディストの改心作戦を実施している。

一つの大きな問題にアルカイダとその分派は人質を取り、その見返りの身代金を大きな収入源にしていることである。米国やイギリスは身代金支払いを拒否しているが、他の西側諸国の中には身代金を払っている国々があると言われている。

ある推計では過去五年間に一二五億ドル以上の身代金が支払われたという。（注：Michael R. Gordon , Helene Cooper, "Halting ISIS would require strikes in Syria, General Says" The New York Times, August 21, 2014）身代金を支払わない場合には見せしめに人質を殺害するのがテロ戦術の一つで、テログループの手引きにも示されているという。

事実、二〇一四年八月にはアメリカ人のジャーナリスト二人、九月にはイギリス人の人道援助に従事していたＮＧＯ（非政府組織）職員がＩＳＩＳによって殺害されている。米英は身代金の支払いはさらに人質を取る理由になるとの論理で抵抗している。お金ではなく、人質交換の場合には米英も応じることがある。

二〇一四年六月の「イスラム国」樹立宣言は、テロとの闘いで新たな局面を開いた。そして米国人ジャーナリスト二人の斬首は米国を激怒させ、米国による軍事攻撃の決断に至らしめた。議会もこの決断を支持している。オバマ大統領は九月の国連演説でこのイスラム国を弱体化し、最終的には破壊すると明確に述べている。

米国の軍事行動にはサウジアラビアなど中東の五カ国が参加し、人道援助要員がやはり斬首されたイギリスなど、いくつかのヨーロッパ諸国もイラク国内と限定的な形ではあるがこの軍事行動に加わっている。五〇カ国以上が何らかの形で参加ないし支援していると言われている。

しかし、テロ組織との闘いはそう簡単に解決するものではない。ＩＳＩＳによる「イスラム国」の樹立宣言や斬首などの手段でテロ組織の実力を鼓舞《こぶ》するやり方はイスラム原理主義への共感を高め、ジハーディストのリクルートに貢献している。ナイジェリアのボコ・ハラムも、八月にはナイジェリア北部で自らコントロールしている地域で「イスラム国」樹立宣言をした。アルジェリアではテロ組織がツーリストを斬首している。

米国は、シリア西部に拠点を持つホラサンというグループの指導者がビン・ラーデンに近かったムフシン・アル・ファドフリであり、米国をターゲットにしているとして空爆を始めた。ホラサンに対しては自衛権、イラクのＩＳＩＳに対してはイラクからの要請を受けた集団的自衛権を行使して武力攻撃を行なっている。

西側諸国は自国内のテロ容疑者の逮捕などを行なっており、テロの拡大に警戒している。武力行使だけに頼るのではなく、自国民の過激化をどう防ぐかも大きな課題となっている。

気候変動への対処

気候変動に関する関心は高まってきているが、それはいくつもの気候変動に依拠すると考えられる事態が目に見えて増えはじめ、人々が実感し始めたことによる。

しかし、気候変動に関する警告は今に始まったわけではない。国際社会は一九八八年には気候変動に関する政府間パネルを設立し、気候変動に関する様々な科学的調査の結果を審査して勧告を提出させている。

その勧告を基に、一九九二年には国連気候変動枠組条約が締結され、気候変動に寄与しているとみられる、地球温暖化の原因である二酸化炭素を含む温暖化ガス排出の抑制に取り組み始めた。一九九七年に採択、二〇〇五年に発効した「京都議定書」では、二〇〇八年から二〇一二年の五年間に、六つの温暖化ガスを一九九〇年レベルと比較して五パーセント削減することを、先進三七カ国と欧州連合に対して法的に課した。

しかし、気候変動への理解はそう簡単に進んだわけではなかった。一つには、気候変動そのものの科学的根拠についての理解に時間がかかっていることがある。気候変動には自然界で起きる現象と、人間社会の営《いとな》みの結果起きる原因が複雑に絡み合っているからである。

そして、特に工業化、産業化が進む中で排出される温暖化ガスの規制については、経済界からの強い抵抗があった。競争の激しい資本主義経済では規制によるコスト高や競争力の減少に警戒感が強かった。温暖化ガス排出量が一番多い米国では、特にこの抵抗が強く見られた。

そのような中で、気候変動がもたらす危険に大きな警告を発したものに、米国の元副大統領のアル・ゴアが発表した『不都合な真実（An Inconvenient Truth）』というドキュメンタリー映画と本があった。二〇〇六年に出されたものだが、そこで警告されている事態はすでにいろいろな形で表われ始めており、きわめて先駆的なものになった。

ゴアは民主党の中でも環境問題に強い関心を持っており、一九九二年のリオデジャネイロでの国連環境会議にも出席したほどである。これに対し、ゴアを破って出てきたジョージ・ブッシュ大統領（息子）率いる共和党は、経済優先政策を採りこれに抵抗した。そして京都議定書署名からの脱退を宣言している。中国など排出量の多い国が参加していないこともその理由だった。

ゴアはこのドキュメンタリー映画と本の中で、地球の温暖化が「真の地球規模の緊急事態」であると宣言して強い警告を発した。この地球温暖化の大きな原因は人間の活動にあり、二酸化炭素や他の「温暖化ガス」がオゾン層に溜《た》まり、太陽熱の宇宙空間への反射流出を制限して大気の温度を上昇させ、さらに海温も上昇させているというものだ。温暖化ガスの約八割が二酸化炭素と見られている。

その結果、台風のような強力な事象がより強大なものになる、集中豪雨や竜巻などが頻発する、場所によっては逆に雨が降らず水不足になる、北極や南極、高山の氷河が溶けて海面の上昇が起きる、などかなりの深刻な影響が出るとしている。

そのような中で起きた二〇〇五年の超大型ハリケーン「カテリーナ」によるニューオー

リンズの大洪水や二〇一二年に米国東海岸を襲った超大型ハリケーン「サンディー」は地球の温暖化が原因とみられ、米国民の意識変化に大きな影響を与えた。

毎年開催されている気候変動枠組条約締約国会議（ＣＯＰ）では、京都議定書に代わる新たな温暖化ガス削減に関する法的規制について交渉が続けられたが、エネルギー消費の多くを化石燃料に頼る中国など大口排出国の抵抗もあり、京都議定書の削減指定期間が終わった二〇一二年までに合意には至らなかった。そのため、二〇一五年末のパリでの締約国会議までには合意を目指すべく交渉が続いている。

気候問題への三つのアプローチ

気候変動を考える時に三つの側面からアプローチする必要がある。（1）温暖化ガス削減の努力、（2）気候変動への適応、（3）被害削減の努力、の三つである。

温暖化ガス削減には国際的なレベルと国内レベルの努力が必要である。現在、温暖化ガス削減がビジネス面でも経済的効果を持ち始めていることが、一つの決め手になってきている。燃費の良い車が売れるのはその証拠である。また、市民社会の成熟化とともに、市民が気候変動対策への努力を強く求め始めていることも政策転換への重要な要素となっている。

しかしながら、気候変動はこのような努力だけで止まるわけではない。世界の人口はすでに七〇億を突破し、国連の人口統計では二〇五〇年には約九〇億に達すると予想されている。化石燃料の絶対消費量もしばらくは増えていくことが予想されるため、地球の温暖化は当面避けられない状況だ。

そのため、国連も当面の目標として、気温の上昇を工業化以前比で二パーセント以下にする努力を国際社会に呼びかけている。また、気候変動への適応能力を高めることが重要になってくる。海面の上昇に備えて堤防を築くとか、家やビルの土台や支柱をより強固にするとか、各種の対策が必要だ。さらに、大きな被害があった場合の救援、救済体制をしっかり確立しておく必要がある。

問題は、このような対策には費用がかかることだ。そのため、いろいろな資金が集められているが、その一つに地球環境ファシリティ（GEF）がある。これは世界銀行理事会の決議で一九九一年に設立されたもので、国連気候変動枠組条約、生物多様性条約、国連砂漠化対処条約、残留性有機汚染物質に関するストックホルム条約（POPs条約）の四つの条約の資金メカニズムとして世銀に設置されている信託基金だ。

この資金はプロジェクトへの全額支給ではなく、補助的資金として支給される。二〇一一年の気候変動枠組条約締約国会合では、新たにグリーン気候基金などを設立し、途上国での気候変動への対処資金に活用されている。

京都議定書の下でも気候変動への適用プロジェクト基金がある。この他にも二国間の援助や地域的、多国間の資金供与がなされているが、地球規模の問題にはかなりの長期的資金が必要であり、これをどう工面するか、また集めた資金をどう有効に使用するかなど、与えられた課題は大きい。

気候変動に関する新たな国際合意を促進させ、温暖化ガスを削減し、グローバルな規模での対処活動を奮い立たせるために、潘基文《パンギムン》国連事務総長は二〇一四年九月二十三日に気候変動サミットを国連本部で開催した。

潘事務総長は温暖化ガス排出の削減、資金の動員や市場の活用、炭素の金銭的評価、気候変動を凌《しの》ぐ力の強化、新たな連携の動員の五つの分野での行動を促《うなが》した。このサミットには一〇〇カ国の首脳や八〇〇〇を超える経済界や市民グループの代表も集まり、その関心の高さを示した。

このサミットを総括して、潘事務総長は次のことを強調した。まず長期ビジョンとして、気候変動は現在の最も重要な課題であり、大胆な行動が必要である。また、貧困の撲《ぼく》滅《めつ》と持続的成長の文脈の中で対処しながら、気温の上昇を工業化以前と比べて二パーセント以内に留《とど》めるために、二〇一五年のパリ会合までに新たな温暖化ガス削減に関する合意を形成する必要がある。

具体的には、二〇二〇年までに炭素排出量のピークを越え、その後劇的に削減し、二十一世紀後半には炭素排出量を安定化させること。大胆な公的、私的資金を導入して低炭素社会を形成し、気候変動に左右されない持続的成長を目指すこととし、そのために政府、ビジネス界、市民社会が協働して対処するよう促した。

気候変動への対処の道のりは、そう容易なものではない。二〇一四年十一月には、北京で行なわれたオバマ大統領と習近平《しゅうきんぺい》中国国家主席との会談で、温暖化削減に関する合意がなされた。

この合意では、米国は温暖化ガスの排出量を二五年までに、〇五年比で二六〜二八パーセント減らすことを目標にした。中国は、三〇年ごろをピークに二酸化炭素の排出量を減少に転じさせ、非化石燃料の発電比率を現行の約一〇パーセントから二〇パーセントに高める目標を示した。

しかし、同年の米国中間選挙の結果、共和党が上下両院で多数を占め、民主党であるオバマ大統領の環境政策に抵抗する姿勢を示している。中国についても、この目標が達成されるとしても、今後一五年間は二酸化炭素の排出量が増大し続けるのであり、経済の規模や成長率からみて、温暖化対策に大きく貢献することは困難である。

当面、温暖化のスピードを鈍化させる努力を、グローバルなレベルで行なわないとならない状況である。

感染病への国際的な対策──エボラ出血熱の場合

二〇一三年十二月六日、西アフリカのギニア、シエラレオネ、リベリアをまたぐギニアの国境の小さな町ゲッケドゥ近くのメリアンドゥ村で、二歳の子供がエボラ出血熱で亡くなった。発病したのが十二月二日。その四日後のことだった。

しかし、その子供がエボラ病で亡くなったことは誰も知らなかった。間もなく、母親が、その次に三歳の女の子やお婆さん、産婆さん、保健士が翌年二月初めまでに次々に亡くなっていった。そして二月から三月にかけて隣町のマセンタに広がり、さらに拡大していく。

世界保健機関（ＷＨＯ）に感染病が報告されたのは、三月に入ってからのことだった。フランスその他の研究所で検査した結果、以前アフリカで発生したエボラウィルスとは異なる系列のものであることが分かり、ザイール・エボラウィルス（ＥＢＯＶ）と名付けられた。（注：“Emergence of Zaire Ebola Virus Disease in Guinea－Preliminary Report” by Sylvail Baize, et.al. in New England Journal of Medicine, online at NEJM.org, April 16, 2014）

このエボラ出血熱についてはＷＨＯがそのホームページで病気の性格、一九七六年に発生が確認されてからの推移、対処の方法などを説明しているので、その基本的な点を抜粋の形で紹介する。（注：http://www.who.int/mediacentre/factsheets/fs103/en）

「エボラ出血熱は正式にはエボラ出血性高熱病（Ebola hemorrhagic fever）と呼ばれ、人間が感染した場合には死亡率は九〇%にも達する。主に中央アフリカや西アフリカの熱帯雨林近辺の遠隔の村々で発生していた。野生の動物から人間に感染し、その後人間と人間の接触によって広がった。オオコウモリ系のフルーツ・コウモリがエボラ菌のホストと思われているが、アフリカではチンパンジーやゴリラ、フルーツ・コウモリ、サル、アンテロープ、ヤマアラシなどを扱った人が感染したことが記録されている。

人間の場合は、感染した人の血液や排泄物、内臓、体液などに触れることにより感染する。また、感染症状が初期の段階で分かりにくい。そのため、診療所で医師、看護士などが感染する例が多く出ている。回復した人でも約七週間は感染源となりうる。まだ有効なワクチンは作られていない。

エボラは、一九七六年にスーダンのヌザラとコンゴ民主共和国のヤムブクで同時に発生したのが最初とされている。ヤムブクはエボラ川の近くにあることからエボラ出血熱の名称がついた。エボラウィルスにはいくつかの種類があるが、フィリピンや中国で発見されたエボラウィルス感染で病気になったり死亡したりした例は報告されていない。

フルーツ・コウモリは豚の養育場に多く生息していることから、豚から人間への感染に注意する必要がある。豚肉などは十分に熱を通して食べるようにする。感染した動物や人間が死亡した場合には即時に土に埋める。医師や看護師など保健衛生に関わる人達や研究施設でエボラウィルスかどうか調べる人達も十分な体制を整えて対応する必要がある」

51ページの表はWHOがまとめた二〇一二年までのエボラ感染の経緯である。

二〇一四年の西アフリカにおけるエボラ出血熱の拡大と被害は、過去の例と比べても急速であり、しかも死者の数も多い。死亡率は五〇〜九〇パーセントとされており、さらに拡大することが予想されている。

拡大の原因には多々あるが、WHOのマーガレット・チャン事務局長は、拡大の原因を一言で挙げると「貧困」とまで言いきる。

長年の内戦の影響を受け、保健衛生システムは機能しておらず、多くの人が教育を受けてきていない。医者の数は一〇万人に一人の割合で、そのほとんどが都市に集中している。保健衛生士の感染率も高く、二〇一四年八月までに一六〇人近くが感染し、八〇人以上が死亡している。失業率も高く、仕事を求めて移動する人が多い。また、葬儀の時に死

エボラウィルス感染の経緯

年	国	タイプ	症状例	死亡者数	死亡率
2012	コンゴ民主共和国	ブンディブギョ	57	29	51%
2012	ウガンダ	スーダン	7	4	57%
2012	ウガンダ	スーダン	24	17	71%
2011	ウガンダ	スーダン	1	1	100%
2008	コンゴ民主共和国	ザイール	32	14	44%
2007	ウガンダ	ブンディブギョ	149	37	25%
2007	コンゴ民主共和国	ザイール	264	187	71%
2005	コンゴ民主共和国	ザイール	12	10	83%
2004	スーダン	スーダン	17	7	41%
2003(11-12月)	コンゴ民主共和国	ザイール	35	29	83%
2003 (1-4月)	コンゴ	ザイール	143	128	90%
2001-2002	コンゴ	ザイール	59	44	75%
2001-2002	ガボン	ザイール	65	53	82%
2000	ウガンダ	スーダン	425	224	53%
1996	南ア(ガボンから)	ザイール	1	1	100%
1996(7-12月)	ガボン	ザイール	60	45	75%
1996(1-4月)	ガボン	ザイール	31	21	68%
1995	コンゴ民主共和国	ザイール	315	254	81%
1994	コートジボアール	タイ・フォーレスト	1	0	0%
1994	ガボン	ザイール	52	31	60%
1979	スーダン	スーダン	34	22	65%
1977	コンゴ民主共和国	ザイール	1	1	100%
1976	スーダン	スーダン	284	151	53%
1976	コンゴ民主共和国	ザイール	318	280	88%

(出典：世界保健機関の統計)

者に手で触る慣習があり、六割のケースがそのような慣習による感染とみられている。（注：Margaret Chan, "Ebola Virus Disease in West Africa－No Early End to the Outbreak" in The New England Journal of Medicine, NEJM.org, online, ２０１4年8月21日）

七月に入り、ナイジェリア人一人がエボラ病で死亡した。この人は飛行機で西アフリカに旅行したことが判明した。ナイジェリアは即国家緊急事態を宣言した。西アフリカのシエラレオネやリベリアなども間もなくこれに続いた。

八月八日になり、ＷＨＯがやっとエボラ病の感染拡大を国際保健衛生の緊急事態であると宣言し、世界各国に警告を鳴らした。（注：ＷＨＯがこのような緊急事態宣言ができるようになったのは二〇〇七年のことで、それ以降最初の宣言は２００９年に豚インフルエンザが流行した時で、次が二〇一四年五月のポリオの拡大時だった）

それまでに、一七〇〇以上のケースが報告されており、死者は九〇〇人を超えた。十月下旬には感染者の数が一万人を超え、死者は五〇〇〇人以上に達している。西アフリカの当事国にはエボラ発生に十分に対応するだけの能力がなく、国際社会の強い支援が必要であることを表明している。ＷＨＯは当事国にはエボラ感染者の出国を空港などで厳重にチエックするよう要請したが、海外渡航の全面的禁止までは勧告しなかった。

エボラ出血熱は西アフリカ以外の地域に広がっており、リベリアから米国に入国した人がその後発熱し死亡するケースや、西アフリカで医療に関わっていたスペインの医師や保健士などが帰国後エボラ出血熱と診断されるなど、国際的拡大の危機が訪れた。

その後セネガルやマリでも感染者が発見されたが、セネガルとナイジェリアでは感染者の徹底追跡や隔離を行ない、十月には感染者ゼロとの発表をＷＨＯが行なった。米国やスペインでは二次感染者が出たが、被害の拡大は防いでいる。

スペインなどの場合は、長年の経済不振から医療関係の国家予算が削られるなどしていたため、迅速な対応ができなかったのではないかとの不満が高まっている。また、米国では空港などで検疫体制を強化したが、入国した後に発熱した医者のケースがあり、体制強化だけでは完全に防ぎきれない問題の複雑さを象徴している。

エボラ出血熱には、まだ有効な薬やワクチンが開発されていない。しかし、感染患者を対象にした臨床実験はまだ行なわれていないものの、実験的な薬がないことはない。ZMapp（ジーマップ）と呼ばれているもので、この薬を米国人で感染した二人の「サマリタンの財布」(Samaritan's Purse) というNGOの保健衛生援助職員に投与したところ、効果を表わしたという。

ただし、まず、このような薬が本当に効くのかどうかという問題があり、他の感染病と誤診して投与した場合の危険性も指摘される。また、生産量が極めて少ないことから、誰に投与するかという優先順位の問題もある。(注:「ニューヨークタイムズ」二〇一四年八月九日 Andrew Pollack, "Experimental Ebola drug raises ethical questions")

しかし、対処には緊急を要することから、WHOの専門家委員会は八月に入ってから試験的な医薬品の使用は倫理的に許されるとしながらも、使用については注意を呼びかけている。

薬やワクチンの研究もその後、急ピッチで進んでおり、以前米国で開発され、カナダで製造されたVSV-EBOVワクチンなどもWHOを通じ、より大規模な臨床実験が行なわれつつある。(注:「ニューヨークタイムズ」二〇一四年十月二十三日 Denise Grady, Ebola Vaccine, Ready for Test, Sat on the Shelf)

「平和と安全保障への脅威」となる感染症

このような国境を越えて素早く感染する可能性のある病気については、国家レベルだけでなく、ＷＨＯといった国際機関にも感染病の発生国や他の国々に対して警告を発し、支援を調整できる体制が整えられている。

「グローバル発生警告対応ネットワーク（ＧＯＡＲＮ）」と呼ばれる体制は二〇〇〇年に設立され、ＷＨＯがその調整機関となり、事務局を提供している。（注：ＧＯＡＲＮの詳細はhttp://who.int/csr/outbreaknetwork/en を参照）このネットワークには各国の医療機関や研究所のネットワーク、医療監視機関、赤十字、医療関係のＮＧＯなどが参加している。

国連の潘事務総長も調整官を任命して国連組織としての支援活動を始めているが、国家レベルでの対処能力が限られている場合には、国際社会の大規模な支援を早期の段階で行なうことが不可欠となる。そして、正確な情報をいち早く確立することとその情報を幅広く共有することが大事になる。

国連は必要な行動として次の五つを挙げている。

1. 発生を止める（エボラ出血熱感染者の特定と感染経緯の追跡調査、安全な埋葬、医療関係者への医療サポート）
2. 感染者対策（治療、食糧と栄養の提供）
3. サービスの提供（社会の動員、公共メッセージの発出、輸送や燃料の支給、医療関係者への資金提供）
4. 安定化（医療品や機材の供給、経済的な保護と回復、基本的な医療サービスへのアクセス）
5. 発生防止（感染国や輸送システムの監視体制や対応の確立）

エボラ出血熱の急速な拡大に伴い、潘事務総長は、エボラ対策に今後六カ月間で一〇億ドルの資金が必要だとして国際社会にアピールした。しかし、そのわずか一ヵ月後にはその一〇倍、二〇倍の支援が必要だとの緊急声明を出した。

国連の安全保障理事会は九月十八日の緊急会合で、エボラ出血熱を「平和と安全保障への脅威」と断定した。保健衛生問題がこのような脅威であると安保理によって認定されたのは、初めてのことである。以前エイズ問題が安保理で採り上げられたことは二度あったが、これほどの脅威とは受け止められていなかった。

この安保理決議を受け、潘事務総長は総会議長と安保理議長に書簡を送り、その中で、エボラはもはや単なる公衆衛生の危機ではなく、政治的、社会的、経済的、人道的、兵站《へいたん》面や安全保障の側面を含む複合的な危機であるとして、総合的かつ一貫してこの危機に対処するために、新たな国連のエボラ緊急対応派遣団（ＵＮＭＥＥＲ）を設立する決意を表明した。

ＷＨＯは引き続き保健衛生面で指導的役割を果たし、世銀や国際通貨基金（ＩＭＦ）などはその資金を運用するが、現地での指導、対応、調整などは事務総長とＷＨＯの事務局長の戦略的指導の下に、国連の派遣団が中心となって行なうことになった。翌九月十九日、国連総会はこの事務総長のイニシアチブを歓迎する決議を採択した。

ＵＮＭＥＥＲはガーナの首都アクラに拠点を置き、そこから活動を行なっている。そして、シエラレオネ、リベリア、ギニア各国に事務所を開設し、また、発生が広がったマリなどにも臨時事務所を開設して、現地政府や関係各国、国際支援団体などと緊密な連携を取りながら活動している。

各国の対応にもこれまでにはあまり見られなかった緊急的なものがあり、米国などは三〇〇〇人の軍隊を西アフリカに派遣し、その後さらにサポート体制を強化している。主に医療関係者への後方面でのサポートをすることが目的で、グローバルな対応を支援し、西アフリカ諸国の保健衛生システムを立て直すことにも寄与する意向を示している。

今回のエボラ出血熱の急速な拡大の原因には、WHOの対応が出遅れたのではないかとの批判も出てきた。AP通信はWHOの内部文書を引用し、今回の対応は遅れたとの内部認識を報道した。

WHOにエボラ出血熱が報告されたのが三月で、WHOが緊急事態宣言を出したのが八月である。その対応の遅れの原因がアフリカ地域を担当するWHOのアフリカ地域事務所にあったというものである。

この事務所は、アフリカ中部大西洋沿岸のコンゴ共和国の首都ブラザヴィルにある。WHO地域事務所は、その地域内での保健衛生活動では大きな決定権限を与えられている。そしてその上層部は政治的に任命されるため、対応が遅れたのではないかとの批判である。

これに対し、WHOは当面はエボラ対策に全力を挙げるとしてコメントを避けているが、国連の専門機関では対処できない多くの要素を抱えている感染病であることから、当該国や地域諸国だけではなく、国際社会全体の問題として対処しなければならない大きな課題となっているのは事実である。

世界がますます小さくなり、世界の一地域で起きた疫病が地域外に急速に飛び火する可能性は大きくなっている。ローカルとグローバルが緊密に相互作用している証拠で、ローカルな問題にグローバルな対応が必要とされる良い事例である。

拡大する麻薬と組織犯罪

アフガニスタンで二〇一三年のアヘンの生産量が、タリバン政権が倒れる前の量に戻ったということが報告された。アフガニスタンで、アヘンに代わる農産物を生産しようとしてきたそれまでの政策が破綻《はたん》したことを意味した。

アヘンは中央アジアや西南アジアを通って主にヨーロッパに密輸される。一部はアメリカまで到達する。長年の密輸取り締まりにもかかわらず、アヘンが流行しているということは、それだけ需要があることの証左だ。

米国で使われている麻薬の多くはコカインとマリファナだ。特にコカインは神経に強い刺激を与えることから、一睡もせずに働くことも可能だという。そのため、ウォール街で働く超エリートビジネスマンや俳優、歌手や芸術家などセレブの人達にも使用者は多いという。

最近の例では、バットマンに出演した映画俳優のヒース・レジャーや数々のヒット映画に出演したフィリップ・セイモア・ホフマン、歌手のエイミー・ワインハウスやホイットニー・ヒューストンなどが麻薬中毒死している。日本でも元俳優や歌手など有名人が覚せい剤やコカインなどの所持、使用などで逮捕されているケースが結構ある。

国連薬物犯罪事務所（UNODC）の二〇一四年版世界薬物報告書によると、二〇一二年には世界で推定一八万三〇〇〇人が麻薬中毒で死亡している。同年、麻薬使用者は推定一億六二〇〇万人から三億二四〇〇万人で、一五～六四歳の世界人口の三・五～七・〇パーセントに当たる。この数だけみても、麻薬問題は世界的に大きな問題であることが分かる。（注：World Drug Report 2014, United Nations Office of Drugs and Crime）

アヘンの原料となるケシの栽培面積では、ここ数年アフガニスタンが最大規模となっており、世界の栽培面積約三〇万ヘクタールのうち約二一万ヘクタールを占めている。生産量は世界の推定四三〇～四五〇トンのうち三八〇トンがアフガニスタンだ。

そこで採れるアヘンのほとんど（三七五トン）は欧米に流れる。そのルートには、バルカン半島を経由して中、西欧、そして米国に流れる北ルートや、中近東、アフリカを経由して中、西欧、そして米国に流れる南ルートがある。ただ、最近では東南アジアやオセアニアなどにも流出している。約五〇トンはミャンマーやラオスで採れる。アヘンの没収は七三・七トンである。

コカインは二〇〇七～〇八年には推定一六〇〇～一七〇〇万人が使用しているとされ、そのうち北アメリカ（米国、カナダ、メキシコ）の消費量が約四二パーセント、ヨーロッパが約二六パーセントを占める。二〇〇八年の推計で全世界の消費量が四七〇トン、金額にすると約八八〇億ドルとなる。コカイン生産はアンデス山脈のコロンビア、ペルー、ボリビアの三カ国に集中している。コカインの押収量は二〇一二年に六七一トンに及んでいる。

この他にも大麻やアンフェタミンのような覚せい剤、ＭＤＭＡなど麻薬として扱われるものも多くある。アンフェタミンの押収量は一四四トンで、その半分が北アメリカ、四分の一が東、東南アジアである。中東でも押収量が増えている。

麻薬や銃火器の闇取引、人身売買、違法移民に暗躍しているのが組織犯罪である。貿易、金融、輸送、コミュニケーションのグローバル化とともに、組織犯罪の活動も急速に伸びた。

国連は二〇〇〇年に多国籍組織犯罪国際条約を採択し、二〇〇三年には発効した。翌年、二十一世紀の課題をまとめた国連のハイレベルパネル報告書でも、多国籍組織犯罪は国際社会の課題の一つに採り上げられ、国連安保理も二〇一〇年には一部地域の安全保障への脅威と認定した。

多国籍犯罪組織のグローバルな活動を正確に把握するのは困難であるが、国連薬物犯罪事務所（ＵＮＯＤＣ）は、二〇一〇年にグローバルな脅威アセスメントに関する報告書を発表した。

その中で、そのような組織は人身の売買、移民の不法入国、ヘロインやコカイン、銃火器、環境資源、模造品などの闇取引、海賊行為、サイバー犯罪などに関与しているとしている。報告書では、さらにそのようなグループは、高度に組織化したものではなく緩《ゆる》やかな連携組織で、その意味ではテロ組織に似ているとしている。

人身売買では少なくとも一三七カ国で被害届が出ており、そのうち三分の二が女性で、被害内訳では女性の七九パーセントが性的搾取《さくしゅ》に遭《あ》っている。冷戦直後は東欧やロシアからの女性が多かったが、最近は他の地域にも広がっており、推定では一四万人が犠牲になっており、一〇〇億ドルが搾取者の手に渡っていると推定されている。

違法移民の違法入国で一番顕著なのが米国だ。年間三〇〇万人が違法入国しているとされ、そのうちの九〇パーセントが密輸業者によってアレンジされ、そこから得られる収入は推定七〇億ドルと報告書では述べている。

アフリカからヨーロッパへの不法入国も問題になっており、二〇〇八年には約五万五〇〇〇人で、金額的には一億五〇〇〇万ドルが密輸業者に渡っていると推定されている。メキシコから米国への不法入国は陸地を通ってであるが、ヨーロッパの場合は小型のボートに多数の人を乗せる。航海の比較的短いリビアからマルタ島を経てイタリアに入国する例が後を絶たないが、航海中に船が転覆《てんぷく》するなど多くの人命が失われている。

それでもアフリカなどからの不法入国者が後を絶たないのは北アフリカやサハラ以南のアフリカの苦しい政治、経済事情があるからだ。組織犯罪はそのような事情をうまく利用し、搾取していることになる。

情報革命と国家の壁

情報コミュニケーション技術（ＩＣＴ）の急速な進化に伴い、ソーシャル・メディアの台頭が情報の伝達やコミュニケーションのあり方だけではなく、社会のあり方や個人の生き方、さらには個人と国家との関係、そして国家自体のあり方にも大きな影響を与えるようになった。

この新たなＩＣＴ時代に大きな波紋を投げかけたのが、ウィキリークスの創始者の一人であるオーストラリア人ジャーナリストのジュリアン・アサンジだった。アサンジは元々反社会的行動を好んで行なっていたが、このウィキリークスが世界を震撼《しんかん》させたのは、米国の軍事外交文書を公表した二〇一〇年のことである。

一番慌《あわ》てたのは米国だった。イラクやアフガニスタンでの軍事行動に関する機密文書や、各国との外交交渉に関する機密文書がそのままリークされ、公表されたからであった。中でも、バグダッド東部で起きたアパッチヘリコプターによる攻撃は、一般市民を巻き添えにし、死亡した市民を反政府勢力として正当化したが、これが事実と異なるとして、それを公表したビデオは大きな波紋を呼び、政府の情報操作への批判にもつながっていった。（注：Raffi Khatchadourian, “No Secrets: Julian Assange's mission for total transparency” in The New Yorker, June 7, 2010 issue）

また、外交文書の公表は、外国の政府関係者との会話や率直な個人的意見なども含まれていたため、政府や政府関係者にとっては苦しい立場に置かれる状況となってしまった。しかし、アサンジは情報の透明性を主張し、政府の批判に対抗した。これに対しては共鳴する人達もいたが、国家側ではより厳しい情報保護主義を取らざるを得なくなった。

アサンジは提供された情報をスウェーデンのPRQ.seという匿名とハッカー対策を重視したサイトに流し、そこからベルギーにあるウィキリークスのサーバーにつなぎ、さらにまた別なサーバーを経由して最後に特定のコンピュータに保管するというように発信元が容易に分からなくなっていることが後日分かった。

通信は全ての過程で暗号化してある。当然協力者も多くおり、米国の軍事文書漏洩《ろうえい》事件では軍の中で米軍の政策に不満を持つブラッドリー・マニング分析官がウィキリークスに情報を提供したことが判明した。マニングは二〇一三年に機密漏洩で三五年の刑に処された。他方、アサンジは別な容疑でスウェーデンから指名手配を受け、ロンドンのエクアドル大使館に逃げ込み、そこで匿《かくま》ってもらっている。

ICTを使った機密漏洩でもう一つの大きな事件は、二〇一三年六月に起きたエドワード・スノーデンによる告発だった。米国の国家安全保障局（NSA）による米国人の個人情報取得や同盟国の大使館を含む外国政府関係者の情報取得に関するものだ。

スノーデンは中央情報局（CIA）や国家安全保障局に勤務していた。この告発は香港で行なわれ、イギリスのガーディアン紙に公表された。この告発の中では、米国が同盟国のドイツのメルケル首相の個人メールを、首相になる以前から傍受していたことも発覚し、両国の外交問題にまでつながった。スノーデンは米国の捜査から逃れ、ロシアに一時滞在することになったが、国家による広範囲な個人情報の極秘の取得は個人の権利を侵すものとして批判された。

これまでにも機密の漏洩や暴露《ばくろ》事件はあったが、アサンジやスノーデンの漏洩や暴露行動がこれまでと違う点は、ＩＣＴの盲点を巧《たく》みに利用したことと、その影響が格段に速く、大きくなったことである。そして、個人の国家に対する力が極度に増したことであろう。個人の行動がその個人に留まらず、その個人の行動に賛同する社会的力となりうることを示している。

国家は得てしてその行動を秘密にし、都合の悪い情報は隠そうとする。国家の政策や外交交渉に関する情報をある程度機密にする必要性はあっても、それを理由に情報の開示を拒否したり、場合によっては報道の自由や国民の知る権利を必要以上に制限しようとする。

個人のプライバシー保護と、対テロ組織や組織犯罪などへの情報収集とのバランスをどこかに見つけなければならないが、そのようなバランスを保つメカニズムが不在の時には、アサンジやスノーデンのような個人が国家の壁を破ろうとするのである。

第2章 問題解決に必要な能力とは

イラク大量破壊兵器査察団広報の経験

二〇〇三年三月二十日に始まったイラク戦争は、今から見ると大きな歴史的誤りだった。米国が九・一一の同時テロ攻撃を行なったアルカイダと、過去大量破壊兵器を生産し実用化して実際に使用したことのあるイラクが手を結ぶことを恐れて、誤った諜報《ちょうほう》に基づいてイラク戦争を決断したことは、その後の歴史検証から知られている。

しかし、米国の誤りはイラク戦争だけではなかった。イラク占領後の統治にも大きな問題があった。一番大きな誤りは、政治指導者や軍のトップを支配的地位から降ろすだけではなく、国内行政組織を支えてきたバース党党員全員、そして軍組織そのものを全面的に解体してしまったことだった。

バース党そのものを解散させることはしかたなかったにしても、通常のバース党党員はバース党の汎《はん》アラブ主義を信奉して入党したのではなく、入党しないと社会的な地位を得られないからであった。また、軍は国家を裏で支えてきたが、数十万に上る軍人の職を奪うことによって、米国の占領のやり方に対する不満を増長させてしまったのである。

イラクは戦争前に、戦争準備の一環として通常兵器を分散させていた。一部は学校に、一部は森の中に、一部は農場にといった形だった。私は、国連の大量破壊兵器査察団のバグダッドスポークスマン（報道官）として二〇〇二年十一月からイラク戦争開始の二日前まで勤務していたが、生物兵器チームが査察から帰ってきた後、その日の査察状況を聞きに行った。私の仕事の一つは、査察状況をまとめて毎日プレスステートメント（記者声明）の形で世界に向けて発表することだった。

生物兵器チームはその日ある養鶏場を査察したという。養鶏場は過去秘密裏に生物兵器開発に使われた経緯があった。何か見つかったか聞くと、答えは通常兵器や弾薬だった。ある時は、車で走っていると軍の施設らしいものが見えてきた。その敷地には一部地中に埋まった戦車らしきものが見えた。しかし、よく見ると古くて使えそうもないものだった。本物でなかったかもしれない。要するにカモフラージュだった。あるパームツリー（ナツメヤシ）の林を通りかかった時、その中に戦車が何台も見えた。実戦に使える戦車は、このようなところに隠していたのである。通常兵器の拡散は、戦争後米国の占領に武力抵抗した勢力によっては有力なものとなった。

米国のイラク戦争準備が、イラクをよく知る国務省を除外し、ネオコンと呼ばれる大統領近辺の人達によって進められたことや、反サダム・フセイン勢力の意図的誤情報を信頼してしまったこと、そして占領統治がやはりイラクの実情をよく知らない政治任命の人達によって進められたことが、米国のイラク政策の大きな失敗となった原因である。（注：Rajiv Chandrasekaran, Imperial Life in the Emerald City 参照。チャンドラセカランはワシントンポストの特派員でイラク戦争前から戦争中、戦後を取材した）

米国の政策ミスが、その後自らにとって大きな負担や国際的威信の低下となったばかりでなく、イラクそのものの政治的不安定や混乱を長引かせ、中東地域の不安定化を長期化させた。さらに、それらがイスラム過激派組織やアルカイダテロ組織の拡大につながったことを考えると、大国の政策ミスがいかに大きな国際政治的影響を与えるかの悪《あ》しき例であるといえる。

米国の政策ミスを助長したのはマスコミであったことも指摘されている。政府が提供する情報を吟味《ぎんみ》せずに流し、政府の政策を煽《あお》ったのである。米英のマスコミの影響力は国際的にも強い。また、サダム・フセインはイスラエルを敵視しており、湾岸戦争時にはスカッドミサイルをイスラエルに打ち込んだことでも知られている。サダム・フセインが倒れることはイスラエルや湾岸のアラブ諸国の安全にとってもプラスとされたのである。

報道官としての仕事のルール

国連によるイラクでの大量破壊兵器査察は、米国がイラク戦争に反対する国際世論をかわすだけの工作ではないかと見られていた。すでに米国は戦争準備のため、湾岸地域に戦闘部隊を集結させ始めていた。そのような中で行なわれた査察活動をどう国際メディアに説明していくかが、私に与えられた課題だった。

報道官としての仕事にはいくつかのルールがある。まず、嘘を言わないことである。嘘の情報を意図的に流してそれが発覚した場合には、もはや報道官としての信頼性はなくなる。

次に、知らないことは知らないと言うことである。根拠のない情報を流すと後で修正を余儀なくされる。知らない、あるいは情報がない場合には、後で調べて正確な情報を流すことが必要だ。

情報はあっても報道機関には流せない場合がある。そのような時には、どのような情報であれば報道機関にとっても有用で、ニュースとして流してくれるか判断する必要がある。共有できる情報がない場合でも、「コメントはできない」とか「ノーコメント」という形で対応しておくことも大事である。報道機関はそのような反応でも使えるからである。

もし誤って情報が伝えられた場合には、すぐ担当の記者に連絡して正確な情報を与え修正してもらう必要がある。通信社やニュースを専門としたテレビ局などは、常に最新の情報を取得して流している。その回転が速いので、誤報や不十分な情報を直すことができるのである。

イラクで一番苦労したのが、大量破壊兵器査察という極めて政治的で極秘情報を扱うことであった。そのため、まずどのような情報であれば、報道機関に流せるかの判断が必要になった。

イラクに派遣される前に、国連監視検証査察委員会（UNMOVIC）のハンス・ブリックス委員長にどのような情報であればメディアに流してよいか尋《たず》ねたところ、査察チームがどこに行ったかくらいは教えてもよいだろうとの返事が返ってきた。

ところが、どこに行ったかくらいの情報では、メディアにとってはあまり役に立たない。というのは、報道陣が査察団に付いてまわるためだった。そこで、せめてどのような個所を査察したかの情報を流してもよいかどうか尋ねたら了承してくれた。

次に苦心したのが査察活動をどのようにメディアに伝えるかであった。通常は記者会見を行なって情報を流す。国連事務総長報道官は、毎日定例記者会見で事務総長の声明や安保理などの行動、国連の諸活動に関する情報を流し、記者団からの質問に答える。

イラクの場合、毎日記者会見を行なって情報を流すことはかなり困難と見た。情報の量だけの問題ではなく、情報が誤って引用される可能性があることから、日々の査察活動を記者声明として書かれたもので発出することにした。こうすることにより流せる情報を限定し、流す情報を明確にできるからだ。口頭の場合には、誤って引用される可能性が強くなる。ただ、書かれたものだけでは背景や詳細が記者団に分かってもらえないので、ある程度の間隔をおいて口頭の記者会見を行なうことにした。

二〇〇二年十一月二十七日に始まった国連の査察活動初日から数日は、ＵＮＭＯＶＩＣのドミトリー・ペリコス副委員長と国際原子力機関（ＩＡＥＡ）のジャック・ボートチームリーダーに記者会見で査察の概要を説明してもらったが、この内容を要約し、私の記者声明という形で出した。

その後は査察チームリーダー達から情報を入手し、何が流せるか流せないか判断して記者声明を発出した。査察要員は大量破壊兵器の専門家である。通常はメディアを相手に仕事はしない。極秘情報を扱うことから、なかなか情報を共有したがらない。これはしかたのないことだった。しかし、私はバグダッドで査察活動に関し公式発言できる唯一の報道官である。しかもブリックス委員長の信任も得、ＩＡＥＡからも同時に現地報道官としての役割を与えられている。このトップからの任命は、現地報道官としての私の立場を強めることに大きく貢献した。

この私のやり方に驚いたのはイラクのほうだった。私が記者声明を出してから間もなく、イラク側も同じような査察活動に関する記者声明を出し始めた。しかし、この声明は査察チームからイラクの同行者が聞いて作成したものだけに、査察チームリーダーの名前のスペリングが間違っていたり、内容が雑なものであった。外国の記者団には、そのような声明はあまり役立たなかったようだ。

国連本部の事務総長報道官室で、国際メディアを相手に仕事をしている時に特に感じたことだが、ジャーナリストというのは必ずしも特定の分野の専門家ではない。その場合、専門家から情報を得てストーリーを伝えることになる。何らかの出来事が起きた時、それがどのような文脈の中で起きているのかよく理解していないことも多い。そのため、国連詰めの記者として着任して間もないジャーナリストにはよく、安保理が扱っている問題とか事務総長が深く関与している問題などの歴史的な背景、どのような国際政治状況の中でそのようなことが起きているのか、などについて時間をかけて説明した。

西側のジャーナリストの中には長年、国連の活動を追っているジャーナリストがいたが、そのような人達は自分の専門分野を長年にわたって築き上げていた。ロイターやAP通信などにはそのようなジャーナリストが多かった。

イラクの査察が始まった後、時々ワシントンポストやCNNなどいくつかの米国の記者達や英国BBC放送の記者達などを集めてペリコス国連査察団副委員長が夕食会を催《もよお》し、「オフレコ」ベースで記者団の質問に答えたりしていた。

「オフレコ」というのは「オフ・ザ・レコード」という意味で、記録に載せない、名前を出さないということである。ただし、そこで得られた情報は特にさらなる制限がない限り使ってもよい。情報を使わせずに単に記者の情報として伝える場合には「ディープ・バックグランド」として扱う。イラク問題は日本でも関心が高く、さらに私が日本人ということもあり、日本からも多くの報道陣がバグダッドに詰めていた。私も何回かそのような報道陣と夕食を共にしたことがある。このような交わりは公式には伝えられないような情報を可能な範囲で共有したり、信頼関係を築くのに役立った。

国連のメディアガイドライン

国連は、コフィ・アナン事務総長時代の一九九九年にメディアガイドラインを作成したことがある。その目的は国連をもっと開放することによって、国連の活動をより広範囲に知ってもらうことだった。アナンの前のガリ事務総長時代に情報の伝達がトップダウンになり、下の人達が上の人達が何を考え何をしているのはよく分からない、また国連の活動がよくメディアに伝わらないといった不満があったためである。

そのガイドラインは、国連職員が自分の分野の仕事であれば、それに関しメディアに公式発言をしてもよいという内容のものだった。何をどのように発言するかは職員の判断によるが、基本的には三つの形態が考えられた。（1）公式発言、（2）非公式発言（例えば「国連によると」と言った引用）、（3）非公式説明（情報源は出さない）というものである。「オフレコ」は非公式発言ないし説明に当たる。オフレコでも内容は使えるため、情報源については「国連筋」とか「国連外交筋」とか説明の仕方にはいろいろある。

ただ、気を付けないといけない点は、場合によっては、名前が出なくても情報源が分かってしまう場合もあることだ。情報を持っている人が極めて限られている場合とか、発言者とメディアとの関係が、国籍や言語で推測できる場合がある。情報を提供する側にも政治的判断が必要になるし、ジャーナリスト側にも情報源の秘匿の技術が必要になる。

その意味でも、ジャーナリストと個人的に知り合い、信頼関係を築くのは、報道官にとっても極めて重要なことである。また、ジャーナリストが不正確な情報を流したり、こちらの発言を意図したことと違って報道した場合などには、すぐ連絡を取り、正確な情報を流してもらうことが必要になる。

ジャーナリストも仕事上いろいろな情報源から情報を集めており、こちらがジャーナリストから学ぶこともある。情報をあげ、逆にもらう、といった二方向の関係を構築しておくことが極めて重要である。

サダム・フセイン時代のイラクは独裁体制であり、イラクの報道機関の情報は当局によってコントロールされていた。外国の報道機関も利用してイラク政府が大量破壊兵器は開発していないことを訴えていたが、中にはイラクの発表をそのまま流しているところもあった。

特にテレビ局は、映像や「サウンドバイト（放送のための短い発言引用）」が必要なため取り込まれることが多いが、どのようなものを流すかは彼らのジャーナリズム感覚に依《よ》った。その意味でも、国連が現地で査察状況を事実に即して、可能な範囲で公表することは重要なことであった。

メディアを扱う場合、いくつか気を付けておかないといけない点がある。

ジャーナリストの中には、批判記事を書くことによって名を上げている人がおり、こちらでいくら正確な情報をあげても、それが反映されずに批判に使えるところを「つまみ食い」されることもある。「ブロガー」的な仕事をしている（ブログで収入を得ている）人などに多い傾向だ。

また、報道機関は政治的に偏《かたよ》っている場合も多い。政府の意向を反映するメディアだとか、反政府的だとか、一定の国に対して他社と比べて極めて批判的だとか、様々である。一方で、報道の自由ということも忘れてはならない。

報道官の場合には情報を提供するだけではなく、組織や職員を守る役割もある。職員の中には、自分の主張を組織内で反映させるためにメディアを使う場合もあるが、そのような場合でも組織の立場を明確に説明する義務がある。ただ、過度に組織を守ることは逆効果を招く恐れがあり、改善すべき点は改善する意向を見せる真摯《しんし》な態度も必要である。

メディアは、民主主義社会の中では極めて重要な役割を担《にな》っている。国民にとっても貴重な情報源である。そのメディアを扱う場合、メディアそのものの役割を理解することとともに、メディアの関心領域、どのような情報なら報道されるか、情報の提供の仕方、情宣のテクニックの使い分け、名前、顔、連絡方法から始まるジャーナリストとの関係構築など、情報を流す側にもそれぞれのレベルでの努力が必要である。その意味では国連の対メディアアプローチも一つの参考になろう。

東ティモール問題の解決から学ぶこと

「星座が一列にうまく並んだ時に物事が動く」という英語の表現がある。物事がうまくいく時によく使う。東ティモールの独立に向けた動きが一九九八〜九九年に出てきた時に、「唯一ともいえる歴史の窓が開いた」と、東ティモール問題に関わってきた人達は感じた。

事実、窓は開いたが、東ティモールが本当に独立できるかは、その後の様々な難局を国連と国際社会、そして東ティモールの人達がいかに乗り越えられるかにかかっていた。薄氷を踏みながらの舵取《かじと》りは困難を極めたが、いくつもの優れた政治判断が最終的にこの難局を乗り切るのに貢献した。

まず、それまでインドネシアを支配してきたスハルト政権が倒れたことがある。その後を継いだハビビ大統領が、一九七六年にインドネシアが東ティモールを併合したことに対するそれまでの国連を含む国際社会の批判に対し、これをインドネシアの「汚点」と感じて修正路線に転じる決断をしたことが大きな歴史的転換のきっかけとなった。

この決断には暫定《ざんてい》大統領としての政治的基盤を強めようとした意図があったかもしれないが、それでも国内の反対勢力を抑えてその決断を最後まで通したことが問題の解決につながった。これはまた、大きな国際問題の解決に時の政治リーダーの決断が、極めて重要な意味を持つことを実証したものだ。

オーストラリアの政策転換もインドネシアの決断に影響を与えた。オーストラリアは、インドネシアの東ティモール併合を受け入れた唯一の国だった。インドネシアはオーストラリアにとっては隣国の地域大国であり、ティモールギャップと呼ばれるオーストラリアと東ティモールの間の海域に石油や天然ガスが埋蔵されていることから、インドネシアと交渉してその発掘権益を獲得したいという思惑もあった。

しかし、東ティモールの独立派の抵抗や、国際社会の批判を無視することはできなかった。オーストラリア政府は、東ティモールの人達のインドネシアへの併合や自治拡大に大きな支持がないことを意識調査を行なって断定すると、自らの政策を転換させ、東ティモール人の自決権を認めて暫定期間の自治拡大を支持するようになった。

国連は、一九七六年のインドネシアの東ティモール併合は東ティモール人の自決権を無視したものとして、これを受け入れなかった。安保理は東ティモールの自決権と独立権利を認め、インドネシアに対してその実施を要求してきた。国連総会も東ティモールを非自治地域として扱い、施政国ポルトガルに対し、その責任を果たすよう義務付けていた。一九八二年からハヴィエル・ペレス＝デクエヤル事務総長が総会の要請でインドネシアとポルトガルの仲介を行ない、一九九五年からは併合派と独立派を含む東ティモール対話を開催してきた。

こうして東ティモール問題を国際社会の懸案事項として扱い、対応を要求してきたことの意味は大きかった。ここに見られる大切な点は、自決権という国際社会の原則を国連が主張し続けてきたことである。インドネシアは国連が与えることのできる正統性を無視することはできなかった。

国連が国際問題の解決に貢献できる一つの要素が、国連の人的リソースとフィールド活動の経験である。東ティモールでのインドネシアへの自治拡大と併合に関する「国民の意見聴取」（ポピュラー・コンサルテーション）実施についての、インドネシアとポルトガルの国連を介した合意が調印されたのが一九九九年五月五日だが、投票は当初わずか三カ月後の八月八日とされた。

そしてこの投票を実施するのは国連自体であった。そのため、国連は各部署の責任者にその分野の専門家や経験のある職員を登用した。車両や機材の調達も短期間で行なわれたが、これには豊富なフィールド経験が役立った。

さらに、各国の協力が不可欠だった。予算面では最終的な経費のうち約六割が、各国からの任意の拠出金だった。実際に有権者登録を行ない、投票を現地で組織したのは四〇〇人にのぼる国連ボランティア（ＵＮＶ）だった。国連は一九九〇年代には世界各地で平和維持活動や選挙監視活動を行なっていた。そのような経験の蓄積は、国連の大きな影の力でもある。

自決権を要求して、独立派の人達が東ティモール内外でその運動を粘り強く続けてきたことも忘れてはならない。一九九六年のベロ司教と独立キャンペーンを張っていたジョゼ・ラモス＝ホルタに対するノーベル平和賞授与などは、そのような運動を側面から支持する国際社会の声を反映するものだった。

さらに、東ティモールの独立派の人達が、インドネシア軍に後押しされた併合派武装民兵組織に威嚇《いかく》されたり襲撃されたりする中、独立派の武装ゲリラが反撃して内戦状態になるのを避けられたことも国連による投票プロセスを守ることにつながった。武装ゲリラのファリンテルに対して、獄中あるいは軟禁状態にあった指導者シャナナ・グスマンが、反撃しないよう命令を下したからだ。

また、開票結果発表後の騒乱に際して、ファリンテルに対して再度宿営地に留まり反撃しないよう命令したことも、東ティモールを救う結果になった。弱い立場と困難な状況での指導者の英断が、最終的にインドネシアに対する国際社会の強い反発と東ティモールに対するサポートにつながったといえる。

問題解決力を磨く上で、東ティモールから次のようなことが学べる。

一つは、時の流れを摑み、タイミングを見極める能力を養成すること。二つ目は、目標を達成するためには「小を捨て大を取る」指導者の英断が必要だということだろう。さらに、困難な問題でも自分が正しいと思った方向については、辛抱と努力を続ける信念と忍耐力が求められる。まさに、天は自ら救う者を救うのである。

国連の危機管理体制

危機管理能力はどの組織でも大事だが、国家の危機管理となると重大だ。国の安全保障、そして国民の命に係わることだからだ。国際機関である国連や国連組織もある程度の危機管理体制は作っている。それは国連や国連機関も、常に国際政治の動きや地域政治、国内政治と対峙《たいじ》しながら活動しなければならないからだ。

冷戦後に起きたボスニア戦争では、国連は大規模なPKOを派遣しながら、本部での管理体制には多々問題があった。PKOの司令官が本部に緊急の連絡をしようとしながらも、誰に連絡してよいか分からないといった状況になったことがあった。戦争の最中に派遣されたPKOに時差などは関係がない。問題がいつ起きるか分からないからだ。

この批判を受けて、国連はPKO局にシチュエーション・センター（Situation Center）という二四時間体制の情報室を設けた。一九九〇年代前半のことであった。PKOなどフィールドからの情報や報告は、ここを通して事務総長や担当局長などに即時に送られる。緊急でない場合にも情報共有のため、関係各局に毎日フィールドの情報をまとめたブーレティン（報告）を回覧している。

インターネットやソーシャルメディアの時代になってくると、ある意味では情報過多になりやすい。国連も世界各地の国連事務所やフィールドオフィスから情報が刻々と入ってくるため、時には情報をきちんと分析して、より統合された情報を上層部に流す必要が出てくる。そのために、最近では国連危機コミュニケーションセンターを設立し、特定の国や地域の政治危機に関する情報や対応を、現地の国連関係者らとビデオ会議などを通じてまとめている。

国連機関には各分野の専門機関がある。そのため、例えば感染病などが発生して世界各国に警鐘を鳴らし行動を促《うなが》す場合には、世界保健機関（WHO）が中心的役割を果たす。鳥インフルエンザや豚インフルエンザ、ポリオの拡大、エボラ出血熱の拡大などでは専門家会合を招集し、警告の度合いを決めたり、各国政府への勧告などを行なう。

マレーシアから中国に向かっていたマレーシア航空機の失踪《しっそう》事件後、国際民間航空機関（ICAO）は特別会合を招集し、最新の技術を駆使して民間航空機のトラッキングを向上させる作業を始めた。

ウクライナの上空でマレーシア機が撃墜された後は、紛争地域における民間航空機へのリスクに関するタスクフォースを招集して対応を協議した。放射性物質に関する危機への対応は国際原子力機関（IAEA）が調整機関となる体制が整っている。

化学兵器関連では化学兵器禁止機関（ＯＰＣＷ）がオランダのハーグに本部を持つが、化学兵器禁止条約で設立された独自の機関のため、シリアからの化学兵器撤去問題では、フィールドのロジ（兵站）などで大きな能力を持つ国連との共同作業となり、危機管理も共同で行なうことになった。

危機管理におけるコミュニケーションの重要性

危機管理のコミュニケーションは、危機管理の行動とともに極めて大事である。国連の最大のスポークスマンは事務総長で、重要な情報は全て事務総長に集まるようになっている。ただ、事務総長の任務は広範囲なのでスポークスマンを置き、通常のメディア対応はスポークスマンが行なう体制を取っている。

事務総長によっても異なるが、アナン事務総長の時は、官房長が朝一の関係者会合を開き、スポークスマンも出席してその日のニュースの分析や対応を協議し、その後官房長、スポークスマン、補佐官が事務総長とさらに対応の内容を詰めていた。

潘事務総長は、事務総長室のコミュニケーション部長を中心にスポークスマンや関係局の幹部、危機に関係する機関のスポークスマンなどとニュース分析対応や情報の共有を行ない、事務総長スポークスマンはその後事務総長や官房長、補佐官等と対応をさらに協議するような体制になっている。

情報の共有というのは、「言うは易し行なうは難し」の格言にあるように、結構難しいことである。情報は力でもあるため、情報を隠す傾向は強く、特に問題が政治的に微妙であればあるほどその傾向は強くなる。

国連が扱う政治的に微妙な問題は多々あり、どの程度までを機密にするかという問題がある。しかし、「国連には秘密はない」と冗談で言われるように、世界からの職員で構成され、世界の外交官や報道機関が情報収集に集まっている中で秘密情報を守ることは容易ではない。

イラクで最初の大量破壊兵器査察が行なわれていた一九九八年の頃の話であるが、査察のための特別委員会（ＵＮＳＣＯＭ）委員長をしていたオーストラリア人リチャード・バトラーが、イラクの査察状況をまとめた報告書を安保理に提出することになった。イラクの協力の度合いによっては、イラクに対する武力攻撃にもつながることになるかもしれない状況の中での報告書であっただけに、報道機関の関心も高かった。

私は当時、事務総長報道官室に勤務し、イラクも担当していた。そのためUNSCOMスポークスマンからそのコピーを頂き、さらにそのコピーを報道官と共有した。そして、この報告書を持っているのは国連内の報道関係では我々三人ということで、他の職員や報道機関とは共有しないことを誓った。しかし、その晩にはリークされるであろうと苦笑いをした。次の朝早くニュースを調べると、案の定《じょう》、ロイター社がその報告書の内容を暴露《ばくろ》していた。

この時のロイター社の国連駐在事務所長のエヴェリン・レオポルドという記者は国連通として知られており、国連の取材経験は一番長かった。当然、国連内外に多くの情報源を持っていたが、その情報源の二つが、国連の翻訳部の誰かとイギリス国連代表部だと言われていた。

安保理などに提出される国連の公式文書は、国連の六カ国語の公式言語で提出される。通常英語で書かれ他の公式言語に訳されるため、原稿はまず翻訳部に回される。翻訳部には原稿を訳す人とこれを校閲する人がいる。五カ国語で計一〇人にこの原稿が手渡されることになる。この中にレオポルドの情報源になっている人がいるのではないかとの憶測であった。

また、ロイター社はイギリスの通信社なので、イギリスはかなり積極的に情報を提供していた。自国の国連外交の一環でもある。こうしてロイター社は国連でも大きな存在感を示しており、国連も外交団も他の報道機関もロイター社には一目置いていた。まさに、情報、コミュニケーションは力なのである。

危機管理は組織の体制作りの問題である。二〇一一年に起きた東日本大震災の際の福島第一原発事故でも、国家そして管理運営責任者の東京電力の危機管理の問題が指摘された。

これは企業や民間レベルでも同じだ。危機を予測し、それに集中的に対応する基本的体制を作っておき、それが実際に機能するかどうか常に点検する。自然災害への対応にかなり先進的な日本でさえ、福島の問題が起きたのである。

また、危機の際のコミュニケーションがいかに大切かも福島の例は教えてくれた。これは国連でも同じである。危機の際の最初の情報は必ずしも正確でないことが多い。情報が混乱している、あるいは、情報が足りないからである。

情報収集の体制を整え、情報を集中し、その分析を即時に行ない、大切な情報を分かりやすく伝える。情報不足や対応の遅れを隠さない。そのようなコミュニケーションの能力を育てておくことも、危機を乗り越える上で大切である。

国家の命運を分ける戦略的思考

大きな組織の中で働いていると、戦略的思考から離れてしまうことがある。戦略的思考は組織にとっても、その中で働く個人にとっても大事なものである。というのは、何らかの目的を達成しようとすると、必ず戦略的思考が必要になるからである。戦略性のない行動はある時点で挫折する。一時的に勝つのは戦術的なものであり、最後まで勝つには戦略性がないといけないのである。

この戦略的思考が国家レベルとなると国家戦略となり、それを決定する政治指導者の判断によって国家の命運が変わってくる。ある戦略的思考が、国家の命運に大きな影響を与えた一つの例がある。

これは南アフリカが白人少数支配から、黒人による多数派民主的社会に移行する時のことだった。一九九一年から九二年にかけて実施された「モン・フルール・シナリオプロジェクト」に関与したアダム・カヘインが、この時の例を紹介している。カヘインは民間企業で問題解決に多々取り組んできた、この道の専門家だ。

このプロジェクトを先導したのは、南アフリカの西ケープ大学の黒人教授ピエター・ル・ルーで、彼をカヘインらが支援した。

ル・ルーはまず、二二人の南アで影響力のある人達を集めた。その中には反政府運動を先導してきたアフリカ民族会議（ＡＮＣ）や汎アフリカ主義者会議（ＰＡＣ）、炭鉱者全国連合、南ア共産党などの左派の代表や少数派白人の企業代表や学者などが含まれていた。

また、このプロジェクトは、ＡＮＣやＰＡＣの政治指導者、そして一九八四年にノーベル平和賞を受賞したアングリカン大主教のデズモンド・ツツら、黒人指導者の賛同を得ていた。

このグループが、南アの将来のあり方に関するシナリオ作りを行なった。最初三〇のシナリオが提出され、これを九つのシナリオにまとめ上げた。これを四つのサブグループに分けて、社会、政治、経済、国際の側面から吟味させ、最終的に四つのシナリオに収束させた。この四つのシナリオが最も重要で現実的だとされた。

そして、このシナリオをそれぞれの政治機関に持ち帰り反応を見た。さらに、このシナリオを三つの白人政党に提出し、反応を見た。それぞれのシナリオで将来の南アが有効に機能していくかどうかの判断を仰《あお》ぐことが目的だった。

最初のシナリオは、白人政府が黒人側と政治的妥結をしない場合。次のシナリオは、憲法上弱い政府で白人政権から黒人政権への移行が長期化した場合。第三のシナリオは憲法に縛られない黒人政権が大規模な富の再配分を行なった場合。そして最後のシナリオは全ての国民が少しずつ生活が向上するよう必要な措置が取られた場合、であった。

この四つのシナリオを全組織レベルで討論させ、結論を出させた。それぞれのシナリオの長所、短所が指摘、議論された結果、最後のシナリオが多く支持された。一九九四年の南ア初の民主選挙で、ネルソン・マンデラ率いるアフリカ民族会議が新政権を樹立したが、その選択した新たな国家建設戦略は、最後のシナリオに基づいたものだった。

このシナリオ作りで大事な点は、南アの各層を代表する少数の指導的立場にある人達が一堂に会し、将来の姿を真剣にかつ広範囲に議論したこと、そして、その人達が他の人達が何をすべきかではなく、自分達の問題を解決すべく議論し、自分の所属するグループの意思決定に影響力を与えたことだと結論づけている。それはすなわち、自分の決定や行動がその将来像に影響を与えることができる、ということである。問題は大きければ大きいほど、問題の一部を議論するのではなく、問題を全体的に捉えて解決の道を探るということであろうか。(注：Adam Kahane, Solving Tough Problems, Berret-Koeler Publishers, Inc. San Francisco, 2004, 2007)

カヘインは、問題解決の方法は心を閉じるのではなく開くことだとしている。そしてそのために次の一〇の提案をしている。

1. 自分のあり方、話し方、聞き方に気を使う(自分の想定していること、反応、矛盾、懸念、偏見、考えていることなどに気が付く)
2. 物事をはっきりと言う(考えていること、感じていること、欲しいことなど)
3. 自分は、真実は何も分かっていないということを思い起こす(確信していても「自分

の考えでは」といったことを付け加える）

4. 体制に利害のある他の人達と交わり、話を聞く（自分の考えと違う、あるいは反対の考えを持っている人と交わる）

5. 体制の中での自分の役割について考える（自分のしていること、あるいはしていないことがどのような役割を果たしているかを調べてみる）

6. 相手に同情心を持って話を聞く（他人がどう見ているか、相手の立場に立ってみる）

7. 自分や他の人だけでなく、全ての人の考えを聞く（全体がどう動いているのか、心を開き、心から話す）

8. 話を止める（質問から離れ答えを待つ）

9. リラックスし物事を見つめる（心を開くことによって動かされ自己変革される）

10. これらの提案を試して何が起きるか見つける（他人との関係で、あるいは自分自身の中で何が変わるか感じ取る）

国家間の紛争でも、会社内での争いでも、あるいは個人同士の争いでも、紛争や問題が容易に解決できない一つの理由に話し合いを止めてしまうことがある。

争いが起きると相手とのコミュニケーションを断つことにより、「その人はもう相手にしません」という意思表示とある種の圧力をかけることにもなるし、同時に自分を守ろうとする、そして自分の快《こころよ》い空間に隠れてしまうことにもなる。それ以上の争いを避ける一つの方法でもあるが、問題の解決にはつながらない。

米国とソ連の間で核軍拡競争が激しくなった時代、偶発的な核戦争を防ぐために両国は「ホットライン」を設けた。指導者同士が緊急時に連絡を取り合えるようにするためである。核攻撃する時には一人の決断で核戦争が始まらないように、必ず二つの鍵を用意する。そのうち一つを国の指導者が持っているのであり、その指導者同士の間に話し合いのできる緊急用の電話線があることにより、人類を滅亡させうる核戦争を防ごうとする合理的な考えがあるのである。

しかし、紛争の当事者同士が直接話し合うのはいろいろな意味で難しい。人間には合理的な頭脳の他に感情がある。この感情が壊れるとそれを修復するのは容易なことではない。そのために、当事者とは直接利害関係のない第三者の役割が大事になってくる。

国家間の紛争では、国連のような普遍的な国際機関がその第三者の役割を果たすことが可能で、実際多くの場面で国連は事務総長や特別代表、特使などを通じて紛争の仲介をしてきた。

シリア内戦を長期化させた戦略的思考の欠如

第三者としての国連が仲介しても、解決が困難な問題はいくつもあった。シリア内戦はその一つの例である。そして、このシリア内戦の長期化は、ある意味では関係各国の利害の対立とともに早期の段階での戦略的思考の欠如でもあった。その結果、四年にわたる内戦の出口はまだ見えてきていない。

「アラブの春」の波が押し寄せる中で起きたシリア内戦は、当初民主化要求をシリア政府が武力で弾圧したことに端《たん》を発した。

当時、欧米諸国の最大の関心はシリアではなくエジプトだった。エジプトはアラブ社会の中ではリーダー格であり、その動向はアラブ社会全体に大きな影響を及ぼす可能性があったからである。そのため、シリア政府の武力弾圧に対抗する反政府勢力に対しては、大きな支援がなされなかった。

　内戦当初、シリア軍から多くの離脱者が出た。これらの離脱者を中心に自由シリア軍が結成されたが、一つのまとまった軍事組織に育たなかった。

　その理由は、主にスンニ派の兵士によって支えられたことや、指揮系統が確立できなかったこと、武装民兵組織が多くの地区で自己防衛を目的として別々に組織されたこと、イスラム原理主義を基調とする反政府武装勢力やアルカイダと連携したテロ組織の登場などである。

　スンニ派のサウジアラビアやカタールなどの中東諸国が、反政府勢力を支援してシーア派のイランに支えられたアラワイト派のアサド政権に対抗しようとしたが、欧米はイラクからの撤退後、シリア内戦への直接的関与を嫌い、内戦終息に向けた実効性のある戦略を確立しなかった。

　反欧米過激派組織への武器流出を嫌ったこともあるが、それ以外の反政府勢力には武器の供与にも至らなかった。そのため、過激派を除く反政府勢力は軍事力で劣勢に置かれてしまった。この早期の段階での戦略的思考の欠如がその後の内戦の長期化につながる。

国連で拒否権を持つロシアがアサド政権寄りで、安保理を通じた外国の軍事介入を認めなかったため、潘事務総長はアラブ連盟と共同で、コフィ・アナン前事務総長を仲介者に任命した。

アナンは二〇一二年三月、六項目からなる和平案を提示し、六月末にジュネーブ会議を開催したが、暫定移行のための政権作りは実現しなかった。アナンが辞職した後には国連のベテラン外交官のラクダール・ブラヒミが任命され、二〇一三年一月に第二回目のジュネーブ会議を開催したが功を奏しなかった。

その背景には、アサド政権側が軍事的に有利な展開をしており、内戦に「勝つ」自信を持っていたことがある。内戦が終息するためには、一方が軍事的勝利を収めるか、軍事的均衡で膠着《こうちゃく》状態に陥り、当事者双方が政治的妥協を求めるか、国際社会が一丸となって両者を説得するかの状況が必要である。

シリア内戦では、和平を求める条件が不在のまま、現在に至ってしまっている。そのため、国連を通じた国際社会の仲介も成果を挙げずにいる。早い段階での戦略的思考と行動の欠如が、シリアを取り巻く国際政治や地域政治を一層複雑なものにし、内戦終息を遅らせている要因でもある。

ここで紹介した戦略的思考の成功例と失敗例は、ともに早期の段階での戦略の確立の重要性と、現地の状況に合った解決方法の模索のあり方を示したものである。と同時に、物事は常に流動的に推移していくので、目的を達成するためのフォローアップが常に必要であることを教示している。

個人の能力とチームワーク

サッカーとか野球などの団体スポーツは、個人の能力とチームワークがうまく嚙み合って成り立つものである。しかし、これは一定の厳格なルールの下で成り立っており、そのようなルールのない、しかも多様な人間がいる社会では必ずしも個人と社会の利害が一致し、お互いに助け合うとは限らない。社会的な制約が大きいところでは個人の能力が制限され、個人が強いところでは社会的な規範や連帯が弱くなりがちである。

個人の能力を高めるというのは、人間社会にとって極めて当たり前のことに思われているが、社会の状況によっては個人の能力よりも社会のルールや慣習、認識が優先されるところもある。

「出る杭は打たれる」という諺《ことわざ》は東アジアや南アジアでよく聞かれる。秀《ひい》でている人がいると、羨望《せんぼう》ややっかみ、対抗心まで出てきてそのような人を潰《つぶ》そうという動きが出てくるのである。一種の平等主義だが、法の下では対等であっても人間の素質や能力は必ずしも同じではないのである。同じに扱われると、どうしても低いレベルに合わせなければならないため、社会あるいはグループのレベルも低くなってしまう。

女性の地位が低いところが世界には多くある。イスラム原理主義を唱える一部の過激なグループは女性の教育の権利を認めず、アフガニスタンやパキスタンでは、反政府組織のタリバンやハッカニグループが学校を破壊している。ナイジェリアのボコ・ハラムテロ組織は学校を破壊するだけではなく、数百名の女生徒を誘拐して権利を蹂躙《じゅうりん》している。

イスラム社会の中には、女性が車の運転すら許されていないところもある。女性に対する家庭内暴力は南アジアなど世界各地で頻繁に見られる。法的には男性と同等であっても、職場や社会でも差別的な待遇を受けているところも多くある。このような状況では、特に女性の能力を高めることは決して容易ではないが、国連では女性のエンパワーメントを目指して「UN Women」という機関を設立して、グローバルレベルの女性の地位向上を目指している。

国連は専門家の集団でもあり、それぞれの分野で学歴、職歴、能力のあるエリートが中核として国連を支えているといっても過言ではない。ところが最近では、職員に必要とされるコンピテンシー（能力）にチームワークが入るようになった。

これは専門家集団の欠点を改善しようという動きの一環だが、個人の能力も、よりよいチーム環境によってもっと伸びるはずだという考えが根底にある。仕事をしない、できない、させてもらえない窓際族が減る可能性もある。また、個人の能力が伸びてチーム全体としての生産性が高まれば、機関そのものの成果もより高まるという論理だ。

「行なうは言うよりも難し」だが、少なくとも国連機関全体として、チームワークの向上に目が向けられるようになったことは評価に値する。

チームの機能不全を引き起こす五つの原因

米国のチームや組織作りの専門家であるパトリック・レンシオーニはその著「チームの

5つの機能障害」の中で、チームが機能しない理由を次のように挙げている。

1. 信頼の欠如（弱みや間違いを見せたくない）
2. 争いの懸念（弱みや問題点を批判して争いを起こしたくない、曖昧な議論になる）
3. コミットメントの欠如（明確な議論や結論が出ない中で物事がうやむやになる）
4. 責任の回避（明確な行動計画なしでは責任の所在が分からなくなる）
5. 結果に十分な注意を払わない（自分の地位やエゴ追求が個人の目標になる）

（注：Patrick Lincioni, The Five Dysfunctions of a Team, Jossey-Bass, San Francisco, US, 2002）

レンシオーニは、これら五つの機能障害にはそれぞれ関連性があると指摘している。では、どのようにこれらの機能障害を克服するのか。レンシオーニはチームビルディングの必要性を説く。

まず、お互いを知りあうことから始める。そして、各人がチームに貢献できることを探していく。そうすることにより、少しずつ信頼感を醸成していく。いろいろな組織が採り入れ始めている人物の三六〇度評価なども有益だ。

これは上司や同僚、部下などから様々な点に関し評価をしてもらい、自分の長所や欠点を探す方法で、第三者がアンケート調査を行なう。意外と自分で気が付いていても否定しがちな点が浮き彫りになる。人は他人をよく見ているものだ。よく指導者養成のトレーニングに使われるようになっている。

より明確な議論を起こさせるのに、レンシオーニは個人レベルの争いにさせずに、生産的な概念やアイデアに焦点をあてることが必要としているが、ここには文化的側面が若干欠けている面がある。

西側社会は喧嘩《けんか》腰になっても自分の論理を通そうとして自己主張をするが、最後には妥協することで問題の解決に当たることが多い。しかし、日本のような和を大切にする社会で一旦意見の違う議論を始めると、個人攻撃あるいは感情的なつばぜり合いになる可能性がある。感情的なシコリを残したまま、チームワークが欠落していくことにもなりかねない。

そのような中では、議論を取りまとめるリーダーを務められる人が必要になってくる。

ただ、西側社会とアジア的社会ではリーダーの役割が必ずしも同じでないことには注意する必要がある。

コミットメントの欠如を埋める方法は、行動の目的を明確にすること（clarity）と、決定を支持する態度（buy-in）だとレンシオーニは指摘する。チームメンバーは自分の意見が最終的に通らなくても、聞いてもらえたことが分かると最終的な決定に同意する可能性が強くなる。それでも駄目な場合は、やはり指導者が責任を持って決定することになる。

また、レンシオーニはコンセンサスと確かさの追求は、コミットメント欠落の原因だとしている。コンセンサスを求めるあまり妥協《だきょう》に徹《てっ》するとメンバーが「やる気」をなくす、一〇〇パーセント確かなものはない、との理由だ。

確かにコンセンサスは一番低いレベルの合意になる可能性がある。あるいは一部の反対者の思惑に影響される可能性もある。大多数が目的の明確さを支持する場合は大きな問題はないが、グループが二つに割れるような場合はもっとやっかいである。そのような場合には第三者を通して何らかの妥協を探る方法もある。交渉では第三者の役割が効果を表わす場合もあるが、それは交渉する側が第三者の決定を受け入れる態度が不可欠となる。

コミットメントを深くする方法として、決定がどういう意味を持つのか議論したり、どの決定を公《おおやけ》にするかどうか話し合うことをレンシオーニは挙げている。それにより、決定事項をより正確に理解できるからである。また、決定の締め切りを明確にすることで規律のある姿勢を見せることや、うまくいかなかった時の対策を明確にしておくことも大事だとしている。

第四の機能障害である責任の回避については、問題のある同僚などにきちんと問題点を指摘しないことに焦点を当て、問題をそのままにしておくほうがむしろ問題を長引かせることになるため、ピア・プレッシャー（仲間からの圧力）が一番効果的だとしている。

確かに親しい同僚のアドバイスは、攻撃的でない圧力となって行動を変えることに役立つ場合が多い。さらに、チームの目標や期待される役割を公表したり、定期的にレビューすることも役に立つとしている。

第五の機能障害であるチームの結果にあまりこだわらない姿勢については、人々は結果よりもチームやその中の個人の地位に満足してしまう傾向があるため、結果と報酬をリンクさせることを指摘している。このような場合でもチームリーダーの役割は重要で、リーダーは利己的であってはならず、客観的にチームのゴールを達成すべく努力しなければならないと説く。

レンシオーニの体系的議論にはうなずくことも多いが、一部指摘したように、現実のチームビルディングには多くの挑戦がある。

社会体制、文化的影響、伝統などチームのあり方も多種多様である。チームメンバーの期待感やリーダーのあり方にもいろいろな相違がある。また、時代の移り変わりによっても同じ社会でも変化がみられる。それは国連のような国際機関でも似たようなところがある。常に機構改革や人事改革が行なわれている背景にはそのような世界の事情を反映しているからである。

「一本の矢よりも三本の矢」のたとえにもあるように、チームを強くする努力は常に必要である。そのためには個人の能力も高める努力を同時に行なわなければならない。この二つの力を両立させることは容易なことではないが、そのための競争と協働の原理をうまくバランスさせられるかどうかが成否につながる。

指導者に必要な能力

指導者像には古今東西、様々なものがある。自ら先頭に立ち引っ張っていくタイプもあれば、調整型のタイプもいる。国連の事務総長は英語ではSecretary-Generalと言うが、Secretaryは事務担当、秘書の意味、Generalは将軍の意味もある。そこでよく、事務総長はSecretaryかGeneralかと揶揄《やゆ》されることもある。

実際にはその両面が必要だが、人によってどちらかが強く出る傾向がある。それが成功するかどうかは、得てしてその時の政治状況によることが多いが、いかにして指導者、指導力を育成するかは多くの人の関心事項である。

指導者たるは指導される人なくして指導者たらず。これはどの世の中でも同じであろう。しかし、誰もが歴史的指導者になれるわけではない。「危機は英雄を作る」などと言われるが、歴史的指導者、あるいは英雄は、時が作るものであっても、その個人の資質とか先を見通す力などの素質が大きく作用する。それが時代の流れに乗って歴史を変えていく力となる。

リーダー論は多くの関心を呼び、様々な形で議論されているが、歴史的な指導者ではなくても、自分のチームをどのように先導していくか、どのようにまとめていくか、チームや組織の問題をどう先頭に立ち解決していくかは、指導的な立場にある人であれば必ず考えざるを得ないことである。

米国のギャラップ社は三〇年にわたる研究の結果、「Strength Finder」という研究方法を開発した。この研究に携《たずさ》わったトム・ラースとバリー・コンチーは、共著で「Strength based Leadership」という本を出版した。（注：Tom Rath, Barry Conchie, Strength-based Leadership, Gallup Press, New York, 2008）その中で、次の結論を表明している。

（ａ）最も効果的な指導者は常に強みに投資している（つまり個人の持っている強い面を大事にしている）
（ｂ）最も効果的な指導者は自らの周りに能力に合った人を集めている
（ｃ）最も効果的な指導者は部下のニーズを理解している

まず、自分自身の強みや弱みを自覚し、強いところをさらに強くすべく努力する。自らを知らずして人を先導することはできない。そして、その強みを大事な時に前面に出して駆使するのである。それが組織の強さ、結果につながる。短期的史眼ではなく、長期的な史眼で物事を見極めていくことが、良い結果を生むことになるというのである。

チームはどちらかというと偶然できることが多い。選ばれたメンバーの持つ知識や能力が、チームのニーズとは必ずしも関係がない場合も多い。しかし、研究の結果は、指導チームの必要な部分を満たす力を持った人間で構成される場合にチームは大きな力を発揮するという。つまり、年功序列的に選ばれたチームというのは、必ずしも強力なチームではないのである。

もう一つの問題は、リーダーが個人的に好きな人物や同じ考えの人だけを集めた場合である。一見そのようなチームは効果的と思われるが、研究の結果は必ずしもそうではなく、いろいろな力量を持った人が集まったチームのほうが、よりよい結果を生む傾向があるというのである。

そして、指導力の四つの側面として、やり遂げる力と影響を与える力を持ち、人的関係の構築ができ、戦略的思考のできる人を挙げている。チームのメンバーはチームワークを大切にできる人であることも重要になる。

研究はさらに、部下のニーズを摑むために必要なことが四つあるとしている。信頼、思いやり、安定性、希望である。信頼は正直さ、誠実さ、尊敬からも生じる。指導チームに信頼がおけないところでは職員はあまり熱心に仕事をしない。人を大事にし、壁を作らず、幸せと愛がある職場では職員は付いてくる。安定性とは、必要な時には十分なサポートをしてくれる職場や指導チームのことをいう。希望は将来への希望である。そのような希望のないところでは仕事にも熱中できない。

米国の子供教育の良い点の一つが、子供が失敗をしたり、良い成績をあげなかった時に叱るのではなく、よく頑張った、悪い点は直しもっと頑張ろう、といった形で激励してあげることだ。日本ではできなかったことに注意が集中してしまう傾向がある。失敗したことを追及されたり、叱られれば、子供はさらにやる気や元気をなくしてしまう。

失敗した場合にどうして失敗したのか、一緒に考えてあげることにより、より良い方向に向けさせてあげる。そしてその子供の強いところを強調してより強くしてあげる。これがギャラップ研究の指導力形成のアドバイスにもつながる。

国連のような官僚組織では、人の異動が容易ではなく、理想的な指導チームを作ることはそう簡単なことではない。それでも上に立つ指導者の中には、特に新たにＰＫＯや政治派遣団を設立する時に自分の周りに有能な人材を多く集めようと努力する人達がいる。

そのような有能なメンバーを集めた指導者は、与えられた任務を全《まっと》うする可能性が高くなる。成功の要因は単に人だけではないものの、有能な人を集めた指導チームは効率も良く、良い結果を導きやすい。過去に成功したＰＫＯや政治派遣団の活動を見ると、それぞれの分野で経験が豊かで派遣団のニーズに合った能力を持ち合わせ、チームの一員としてうまく付き合っていける人達の集まった指導チームを作っている。

さらに、一番上に立つ指導者の力量も大きく作用する。特に物事を客観的に捉えることができ、幅の広い見識と洞察力を持った指導者は物事を成就《じょうじゅ》する可能性を高くする。

ただし、一つの仕事でうまくいっても別な仕事でうまくいかない場合もある。それは一定の状況での判断はうまくいったとしても、別な状況ではまるっきり別な角度からものを見なければならない場合もあるからだ。人間は、得てしてうまくいったことは再度繰り返そうとする。しかし、異なる状況では異なる判断が必要な場合が多く、場合によっては頭の切り替えが必要になる。

国連では、実質的な貢献や具体的成果、結果が求められる。これは特に指導的立場にある人にとっても大事なことで、最近では「上級管理者の誓約」が求められ、各年の初めに局レベルの管理者としての目標を定め、その目標に沿って成果が得られたかどうか評価されるのである。そしてその結果は事務局内部で公表されるため、どの局長がどの程度管理をしっかりやっているかどうか一目瞭然《りょうぜん》となる。

管理能力が全てでないとしても、このような評価が公表されることが一つの管理能力向上のための努力につながる。局長の評価はその局全体の評価でもあるため、職員も具体的な成果を挙げるために努力することになる。

組織には常に指導者が必要であり、その指導者の資質や力量によってその組織の能力にも大きな差が出てくる。最初から指導力を持っている人はなく、指導的な立場に置かれてから指導者としての要件を学び、能力を高めていくことが多い。それはいかに組織あるいはチームを引っ張っていくか考えざるを得ないからである。

しかし、それだけでは不十分で、時々は自分の殻《から》、つまり、自分の一定の考え方、見方から離れて、新たな視点から物事を見つめてみることも大切である。そのために指導者としてのトレーニングも欠かせない。第三者からみた指導能力自己点検も必要である。

第3章　国連という「ローカル」な社会

——組織のあり方から学ぶこと

「欧米型」組織の特徴

国連は欧米型の組織と言われる。国連の創立に大きく貢献したのは米国とイギリスであるため、国連事務局のあり方にも当然ながら米英の考え方が投影された。

西欧型の組織は、ポストをベースにした組織である。ポストを定義し、それに見合った能力を持った人を選ぶ。ポストには必ず「職の定義（job description）」というものがある。国連では、Dのレベルは管理職で、当然管理能力が要求される。Pのポストは専門職で、課長クラスのP－5からジュニア・オフィサーのP－1まで五段階ある。

それぞれの分野やレベルに応じた職の定義がなされる。現地採用の一般職員はGeneral Service（GS）というカテゴリーで、一番低いG－1から7まで七段階ある。例えばメッセンジャーはG－1で、G－7ともなると専門職の中級レベルに匹敵する。やはりレベルに応じた職の定義がある。

国連が空席を公募する時にはこの職の定義を示し、さらにこれに相応《ふさわ》しい資格（job requirements）を提示する。職の資格には大別して二つのカテゴリーがある。一つは職に求められるコンピテンシーであり、もう一つは教育、職歴、言語等の面での資格である。

通常、コンピテンシーは三つの分野が要求される。例えば、ニューヨーク国連本部の平和構築オフィサーで、レベルはＰ－４というポストの場合である。レベル的には中堅職員の中でも上のほうである。

コンピテンシーは、プロフェッショナリズム、コミュニケーション、計画と組織の三つが提示される。プロフェッショナリズムは平和構築の分野での実際の経験や分析力、各国連機関や対象国での調整プロセスや手続きに関する深い能力が要求される。

さらに、他の人とうまくやっていけるスキルや組織の枠を超えて仕事のできることが必要で、チームをまとめ運営していく能力も求められる。ジェンダー（男女）への配慮はどのポストにも要求される。

コミュニケーションで要求されている資質は、明確にかつ効果的に話したり書いたりする力、他人の話をよく聞き、他人の言っていることを正しく理解し対応する能力、質問をしてより明快な答えを求めること、一方的でないコミュニケーションに関心を示すこと、聴衆に合わせて言葉や話し方の調子、スタイルを変えられる能力、情報を共有し知らせる開放的態度を示すことなどである。

計画と組織能力では、合意された戦略に基づき明確な目標を立てられること、優先的な活動や仕事を割り出し、必要に応じてプライオリティーを変更できること、適当と思われる時間とリソースを配分して仕事を終えるようにすること、計画を立てる時には危険を読み取り対応策を取ること、計画や活動をモニターし必要に応じて調整すること、時間を有意義に使うことなどが能力として挙げられている。

コミュニケーションと計画・組織能力は、ほとんどの分野で必要とされるので、応募資格に使われる場合にはポストに関係なく同じ内容のものが掲載されることが多い。

学歴は、専門職の場合は通常、修士号か学士プラス職歴が要求される。専門職はその分野の専門家であり、当然ながら高い学歴かそれに見合う職歴がなければならない。この平和構築オフィサーの場合は、政治学、国際関係論、国際法、開発計画、公共政策とこれらに関連した分野の人が要求されている。

職歴は、Ｐ－４という中堅職員でも上のほうなので、政治、国際関係、法律、軍縮、安全保障、開発管理、紛争解決、またこれらに関した職業で、しかも徐々に責任の重い仕事を与えられる形で、計七年の職歴が必要になる。

一つ注意する点は、これらの職歴に加えて、国連ないし他の地域的、国際的平和構築活動や紛争解決、仲介などの経験が望ましい、とあるところだ。これは「望ましい」として一見あまり大事ではないのではないかと思われるかもしれないが、実は、これはスクリーニング（選抜）の方法として使っているものである。

国連の空席には、国連外部だけでなく、内部の職員も含めて、何百人もの応募がある。資格を持つ人は多いので、さらに候補者を絞るために、「望ましい」条件が追加されているのである。したがって、この「望ましい」条件を満たさない人は、まず書類選考の段階で落とされると理解したほうがよい。

言語は特に特定のものが必要でなければ、英語とフランス語が国連事務局の作業言語であることが明記されている。流暢《りゅうちょう》な英語が必要と書いてある場合が多く、フランス語は「望ましい」と書いてあってもフランス語ができなければ駄目ということはまったくない。英語が駆使できればそれで十分である。

より長い経験を持つ人のほうが、必ずしも優秀で高い位に就《つ》くというわけではない。ただし、経験がまったく考慮されないということでもない。職歴はそれなりの能力を示す一つの尺度でもあるため、それぞれのポストには最低何年のその分野か関連分野の職歴が必要との規定がある。例えば、管理職（D）の場合、通常その分野での職歴は最低一五年必要である。専門職（P）の場合レベルによって異なるが、課長レベルのP－5が一〇年、P－4が七年、P－3が五年、P－2が二年である。

一般職員（GS）の場合、G－5からG－7までの中堅ポスト以上のものだけ公募になる。G－7が一番上で、専門職員のP－3くらいのレベルの報酬は受けるが、その数は少ない。一般職員は現地でのみ採用されるため、現地の勤務条件によっては他の現地と比べ、一般職員でもかなりの給料をもらえる場合もある。

ポストベースの組織のもう一つの特徴は、定期異動がないということである。したがって、異動は個人がポストを求めて自ら動いていくことになる。国連や国連機関では常に空席が発表になる。その空席を求めて皆、応募していくのである。そして、職を転々としながら、次第にレベルを上げていくことが自分の昇進につながる。

国連機関の中にはフィールドに多くのオフィスを持っているところもあり、そのような機関では本部とフィールドの間での異動が義務付けられているが、フィールドのほうがポストは多いため、フィールドでほとんどの国連人生を過ごす職員も多い。

成功に必要なのは、個人の能力とネットワーク

このような西欧型組織で成功するためには、個人の能力が必要とされる。その能力とは単に自分の専門分野の知識や経験だけが豊富であればよいというものではない。その能力をアピールすることも必要になる。さらに、自分のネットワークを広げ、職を異動する時や昇進の時に活用することも大事になる。

どの職場でも良い仕事をするのは一番大事なことである。国連でも仕事をこなし、実績を作り、この職員は仕事ができるという評判を作っておくことが、成功するための大条件である。

しかし、それだけで全てがうまくいくわけではないところが、個人をベースにした組織の難しいところである。日本の社会のような定期的人事異動などはない。ポストを異動する場合でも、昇進を狙う場合でも、内部の職員であっても空席に応募しなければならない。外部の人にも公募されるポストをいかに獲得するか、それには単に仕事ができるだけ

以上のものが必要になる。

日本のように良い仕事をしていれば、周りがそれを認めてくれるといった社会でない以上、まず、自分の成果を周りの人、特に上司にはアピールしておくことが大事である。それをあからさまな形で行なうのではなく、上手に行なう必要がある。

あからさまな形で行なうと、この人はあまりにも自己顕示欲が強いのではないか、どんどん上のポストに上がろうとして、あまりにも野心的なのではないかと逆に敬遠されてしまう。上司には、有能な人をできるだけ長く自分の下に置きたいとの心理が働く。あまりにも野心の強い人はすぐ出ていってしまう。そのような人は大事にされないのである。

報告書を書いた時には書いたことを知らせるとか、出張があった場合にはきちんと報告書を出しておくとか、スピーチを頼まれて行った時にはその模様を報告するとか、ある意味では当たり前なことが大事なのである。その積み重ねが自分の評判を高めることにつながる。

さらに、自分のネットワークを広げておくことも大事である。仕事上のネットワークもあれば、仕事以外のネットワークもある。日本ではよく仕事帰りに飲みに行ったり週末にゴルフに一緒に行くが、国連の場合はランチが一番のネットワーク作りに使われる。家族の世話や自分の時間を大切にするため、夕方は仕事を終えて帰宅する人が多い。

国連の場合には、特にフィールドでの活動を共にした人達のネットワークが強い。PKOや政治派遣団、人道支援など、フィールドでの活動は職員同士の絆《きずな》を強める。というのは、フィールドでは皆一つの目標に向かって仕事をし、皆で力を合わせないと活動がうまくいかない。そして、フィールドでは一緒に生活をする時間が長く、皆家族のような関係になる。そのような共同体験から生まれた絆は強く長持ちするのである。

国連におけるアジア的思考の導入

潘事務総長が二〇〇七年に就任してから、アジア的思考が導入されるようになった。潘事務総長の考えをいち早く表明したのは事務総長に選出された直後、二〇〇六年十月十三日の受諾スピーチだった。この中でアジア的思考についても触れている。

「アジアは謙虚さが価値あるものとされる地域である。ただし、その謙虚さは振舞いの点であって、ビジョンとか目標という面ではない。コミットメントがないとか指導力がないという意味でもない。騒ぐことなく、やるべきことはやるという行動面での決意である」

「我々は、我々自身および国連自体からももっと引き出せるものがある……国連職員の誇れる遺産は維持しながら、国連職員には最高レベルのプロフェッショナリズムと誠実さを要求することが私の任期の最大の目標となる」

「一生懸命仕事をし、優秀な成績をあげる人を讃《たた》えることにより士気を高め、自分の行動や非行動にたいしては責任を持たせる……分裂させるのではなく調和のリーダーシップ、指図するのではなく例を見せることがこれまで自分にも役立ったのであり、これは継続していく」

潘事務総長のモットーは「模範を示すことによって先導する（lead by example）」ことである。自ら襟《えり》を正し、精一杯仕事をして、公僕としての職務を全《まつと》うすることを示すことにより、他の職員も付いてくるという信念である。

「仕事が趣味」のような潘事務総長がまず手を付けたのが、朝の仕事開始の時間だった。アナン前事務総長は自宅でまずその日のニュースや国連に関する最新情報を読み、会合は九時からということにしていたのだが、潘事務総長はこれを八時に早めたのである。

当然仕事は遅くまでやる。自ら「やる運動はゴルフくらいで、それもたまにしかしない」と言っているくらいだ。仕事と私生活のバランスを重んじ、家族のいる職員の中にはこのようなスケジュールに合わせることに困難を感じて一、二年程度で事務総長室を離れる者も出てきた。

潘事務総長は、韓国での外務大臣時代に「ウナギ」というニックネームで呼ばれていたことを自慢していたが、これは困難な物事をうまくすり抜ける、あるいは記者団からの難しい質問をスルリとかわす、という肯定的な意味合いを持っていた。

しかし、国連の事務総長ともなると、難しい問題でも明確な回答をしないといけないことも多い。アジア的な思考では、自分の考えを表に出して対立することを嫌う傾向がある。物事をはっきりさせないことも多い。一方、西欧的な組織では自分の考えを明確に述べないと考えがないと思われてしまうこともある。物事をはっきりさせられない時には、その理由を理論立てて述べないといけないのである。

すでに述べたように、国連の組織はポストをベースにしたものになっているので、勤務年数や経験には関係なく、空席のポストを埋める形で人事が異動する。そのため、キャリア形成も自分の思うようにいくケースはむしろ少なく、その時々の状況でキャリアの行方が変わっていく。

国連は長年職員のモビリティー（流動性）をどう改善するか様々な試《こころ》みをしてきたが、ポストベースの組織という構造的な壁をなかなか崩せないままだった。アナン事務総長時代に職員のモビリティーを改善すべく人事改革を行なったが、表面的なものに終わってしまった。

韓国や日本などの官庁の場合には、人事院を中心として職員の定期異動があり、モビリティーが当たり前のようになっているが、潘事務総長はこの定期異動を国連にも導入しようとした。

国連は本部職員とフィールド職員との間に契約や待遇で大きな差があったため、この差を埋めるべく、職員、特にフィールド職員の契約を本部職員並みに変革し、課長、部長レベルでモビリティーやフィールド経験を昇進の一条件とすることによってモビリティーを高めようとした。

しかし、モビリティーを高めるためには予算がかかる。韓国や日本のように官僚批判が強く政府の支出を減らそうという動きの中で、事務総長も事務局の費用を抑えることを優先したため、モビリティーのための予算はこれまで以上のものはない。

さらに、定期異動がなく、国連のフィールド活動には紛争地域での任務が多いため、家族の問題、特に家族のビザや子供の教育などの問題があり、職員もそう簡単には動けない事情もある。

アジア的思考を導入して良い面もあるが、西側的価値観と必ずしも一致しない場合には職員のモラルにも影響を与える。両方の良い面をうまく調和させていくのは、そう簡単なことではないのである。

縦割り型組織をどう克服するか

どこの組織でも上下関係があり、組織が大きければ大きいほど縦割り型の組織になる。米国の政治学者グラーム・アリソンが「官僚政治」という本を一九六〇年代に出版したが、その中で、どのような見解を持つかはどこに所属するかだ、ということを言っている。例えば、国務省に所属していれば米国の外交の立場からの見解を持つようになり、国防総省に所属すれば軍事面からの見解を持つようになる、というものである。

ジミー・カーター大統領の時に国家安全保障担当補佐官になったズビグニュー・ブレジンスキーが、その職を離れた後に、テレビインタビューで核兵器の使用問題について聞かれたことがあった。

世界は核の恐怖、あるいは核による「相互確証破壊」の論理で平和が保たれているというが、実際敵が核攻撃をしてきた時に核で反撃するか、との問いだった。「相互確証破壊」というのは、一方が核攻撃をした場合に他方は核兵器で反撃するため、核戦争になると双方とも自国は全滅する、したがって、核戦争は起こさないというものである。

ブレジンスキーは国家安全保障担当の時には、米国の国家安全保障維持の観点から、核攻撃にあった時に核兵器で反撃しないと自国だけが全滅の危機に至るので、核による反撃は躊躇《ちゅうちょ》なく行なう、とした。しかし、一旦《いったん》政府の外に出て一個人となった観点から見ると、自分は核兵器を使用することに躊躇する、としたのである。これは「官僚政治」の核心をついたものだ。

国連の場合、ポストに応募するということは、その特定分野でポストに応じた能力と経験を持っているということになる。政務官は国際政治や国際関係論を勉強し、外交や国際的な仕事の経験のある人がなることが多い。法務官であれば法律や国際公法、私法などを勉強し、法律事務所での仕事の経験がある人や、私企業で法律関係の仕事をしていた経験を持つ人が、広報官であればジャーナリズムの経験者が多い。

その意味では、国連は専門家の集団なのである。専門家がそれぞれの局に集まっているので、どうしても縦割り型の組織がより縦割り型になりやすい。それぞれの局で見解やアプローチの違いが出てくるとその調整が難しくなる。

では、どのようにこの縦割り型組織を乗り越えることができるのであろうか。一つには上からの指揮系統を強くする方法、もう一つは調整をしっかり行なう方法が考えられる。

国連の場合、ペレス＝デクエヤル事務総長時代までは、局をベースに事務局が構成されていた。冷戦時代がまだ続いている中では、特定の安保理常任理事国に局長のポストがあてがわれており、例えば、安保理局長はソ連（現ロシア）に、総会局長は米国にといった具合であった。

冷戦後に出てきたガリ事務総長は、政策決定の一元化を望み、事務総長室の権限を強化するため、強力な力を発揮し始めた安保理において安保理担当の事務次長を設けて、安保理へのブリーフや安保理での情報収集はこの事務次長に一元化する政策を採った。しかし、トップダウンの政策決定となったため、事務総長と局長とのコミュニケーションや情報交換がスムーズにいかないマイナスの面が出た。

ガリ事務総長の下で新たに政治局から分かれたPKO局のアナン局長は当時を回顧して、事務総長からの情報がよく伝わらなくなり、例えば、一九九三年にソマリアに展開した国連ソマリア平和維持軍の背後に、米国の精鋭レンジャー部隊が展開しているのを知らされていなかったとしている。レンジャー部隊はソマリアの首都モガディシュの戦闘で大きな犠牲者を出した結果撤退し、その後の国連のPKOの崩壊につながってしまった。アナンはガリを引き継いで一九九七年に事務総長に就任した後、事務局の局自体は残しながらも、局間や国連システム全体の調整メカニズムを作り、四つの執行委員会を設立した。

平和と安全保障、経済社会、人道支援、開発の四分野で、それぞれ政治局、経済社会局、人道支援調整室（OCHA）、国連開発計画（UNDP）が中心となり、関係局や機関を集めて定期的に問題の審議や活動の調整を行なうようにした。事務総長はこれらを統括し、最終決断は事務総長が行なう調整型の指導体制を作ったのである。

アナン事務総長の一期目は比較的順調にいったが、二期目になると様々な課題が国連に降りかかってきた。イラク戦争はその一つであった。調整型メカニズムが必ずしも政策立案に十分でないことも多いため、アナンは事務総長室に新たに政策委員会を設けて事務総長の政策立案能力を高めようとした。

潘事務総長はその体制を引き継いだが、特定の問題に対して事務総長特使や代表を数多く任命し、事務総長に直接報告させることにより、徐々に事務総長自身の決定権限を強化している。

官僚組織の壁を乗り越える方法として二つのアプローチを紹介したが、どちらの場合も長短がある。いずれの場合も、リーダーの役割の重要さには変わりはない。最終的に決断するのはリーダーであり、その決断の最終責任はそのリーダーにある。しかし、後についてくる人達がいないとリーダーにはなれないのであり、その意味でもチームを大切にしながらリーダーシップを発揮できる体制を作っていくことが大事になる。

国際公務員としての倫理

国連職員は国際公務員である。世界のどこの国のためにでもなく、国連の目指す国際平和と安全保障、経済社会開発、人権の尊重、国境を越えた国際問題の解決など国際社会が抱える課題にグローバルな立場から立ち向かう国際組織の一員である。したがって、国連憲章第一〇〇条第一項にはつぎのように書かれている。

「事務総長及び職員は、その任務の遂行に当って、いかなる政府からも又はこの機構外のいかなる他の当局からも指示を求め、又は受けてはならない。事務総長及び職員は、この機構に対してのみ責任を負う国際的職員としての地位を損ずる虞《おそれ》のあるいかなる行動も慎まなければならない」

国連職員は世界各国から集まっており、特に政治任命の事務次長や事務次長補は、各国政府の後押しがある場合が多い。冷戦時代には国連を利用して情報を収集したり、操作したりした職員もいたが、いずれにしても職員がその中立的立場を完全に守っているかどうかについては疑問が残る場合もある。

国連職員の倫理問題は必ずしも政治面だけではない。一九九〇年代に急速に拡大した国連のＰＫＯ活動やイラクの人道支援プログラム「石油と食糧交換計画」などでは国連職員による調達プロセスでの汚職や賄賂《わいろ》の受け取りなどが発覚し、大きな問題となった。このような大きな問題でなくても、倫理上、是か非かよく分からない状況は多々出てくる。そのため、潘事務総長は「倫理リーダーシップトレーニング」を開催した。

国連職員は国連に採用された時に「誓約書」を読まされるか署名する。この誓約書は国連憲章に則《のっと》ったものだが、以下のようなものである。

「私は国連の国際公務員として私に託された機能を忠誠心と思慮分別、良心を持って遂行することを宣言し誓います。そして、国連の利益のみを念頭に入れてこの機能を果たすとともに自らの行動を規定し、任務の遂行においては政府や国連以外からの指示を求めたり受け入れたりすることを致しません」

トレーニングでは、まずこの誓約書にもう一度目を通してから、部長や課長クラスの管理者を中心に職員がいくつかの事例を基に、国際公務員としての立場にありながら難しい判断を余儀なくされた例を挙げて共に議論し、どのような判断が適当か見極める作業を行なう。

例えば、国連職員に自分の支持している、あるいは以前活動に参加していた自国の政党からアプローチがあり、任務地でも党のPRに貢献してほしいといった要請があった場合、どのような対応をすべきか。

実は国連では、職員が国際公務員であっても、私的な時間で政治活動を一切行なってはいけないとは規定していない。公務上の政治活動や党の正式な役職に就く、あるいは報酬を得るといった国際公務員としての立場と利害が反する行為はできないが、私的な時間ではある程度の政治活動はできる。

ここでは、国際公務員としての立場が失われるかどうかの判断が鍵となる。自分が共鳴するNGOや市民団体の活動に参加する場合でも、そのような団体の役職に就くとか、報酬を得ることができない。

モノや金銭、価値あるものの授受に関してはどうか。国によっては訪問者に高額のギフトをあげることがある。例えば、高額のロレックスの時計や金のネックレスをもらった場合どうするか。

そのようなギフトをあげることがその国や社会の慣習になっている場合には、ギフトを拒否することは必ずしも賢明ではない。ただ、そのギフトが高額の場合には国連に報告して提出するのが望ましい。価値の比較的低いものについてはキープしても問題にはならない。国連では、このようにして集まった高価なものについては、内部でセリにかけたり売ったりして、その収益を例えば殉職した職員の家族の教育補助に寄付したりして有益に使っている。

また、国際公務員は外部で報酬を得てはいけないということではない。例えば、大学で私的な時間に国連や自分の専門領域に関する講義をする場合などでは、あらかじめその目的や報酬額を提示して、事務総長の事前許可をもらえば問題ない。

現地職員などで、国連の給与だけでは家族を支えられないといった場合にも、事務総長の事前許可がもらえれば私的な時間に別途働くことができる。あくまでも、国際公務員としての立場を損《そこ》なわないことが前提となる。

国連人事制度の長所と問題点

人事制度は国や組織によって様々な特徴があるが、完璧な人事制度というのはない。それは、組織とその中で働く個人の能力に必ずギャップが出てくるためである。

例えば、上に立つ人が必ずしも下の人より優秀だとは限らないし、個人の能力が優先されると、若く経験のない人が、年配で経験も豊富な人よりも先に、特定の技能だけで上に上がってしまうということが起きてくる。どちらを優先しても、必ず不公平感や不満は出てくる。結局、組織を優先するか個人を優先するかになる。

国連は国際公務を目的とした組織である。したがって、そこで働く職員は国際公務員と呼ばれる。大きな組織であり、しかもその財政は国連加盟国にあてがわれる分担金によって賄《まかな》われているため、明確な組織と財政が必要となる。そのために、ポストの数やランクが決まっており、それぞれのランクでの平均給与をベースにして人事予算を決めている。ポストを増やせば人事予算が増え、少なくすれば予算も減る体制になっている。

国連事務局トップの事務総長や副事務総長、事務次長、事務次長補といったトップクラスのポストは政治任命である。事務総長は安保理の推薦により総会で任命されるが、残りは例外を除いて事務総長が直接任命するか、任命に関わっている。

その下が部長クラスで管理職となる。内部で登用され昇進してくる国連職員は、通常は部長クラス止まりである。D－2とD－1の二つのレベルに分かれ、数の大きいほうが上である。その下に前述のプロフェッショナル・オフィサー（P）や、一般職のジェネラル・サービス（GS）がいる。

それぞれのレベル（グレード）では最大一五のステップがあり、仕事の評価に問題がなければ通常一年に一ステップ給与が自動的に上がっていく。最高のステップになっても、上のグレードに昇進できなければそこで立ち往生する。

国連は国際的な機関で六つの公用語があるため、英語に加えもう一つの公用語の試験を通ると、ステップを一つ上がるのが一年ではなく九カ月に短縮される。これは職員ができるだけ多くの公用語を駆使できるようにする一つのインセンティブである。

国連人事制度の長所は、制度そのものが明確に規定されていることである。この明確さは職員のキャリア進捗《しんちょく》の一つの目安となる。さらに、ポストの数で人件費が計算できるので、財政上も一定の枠内で収めることができる。事務総長が予算案を総会に提出する時には、基本的にはポストの増減を示し、説明を加えることになる。

国連職員の給与体系も「ノーブルメヤー原則」といって、米国連邦政府の職員の給与体系をベースに、それにある程度上乗せしたものになっている。民間企業、特に投資銀行や他の大企業などの給与体系と比べるとかなり劣るが、恒久契約あるいは継続契約を与えられている職員には職の安定性があり、余程のことがない限り定年まで働くことができる。一九九〇年以前に採用された職員は六〇歳、一九九〇から二〇一三年までに採用された職員は六二歳、二〇一四年から採用された職員は六五歳が定年となる。

職員の採用に関しては、国連憲章第一〇一条三項で「職員の雇用及び勤務条件の決定に当って最も考慮すべきことは、最高水準の能率、能力及び誠実を確保しなければならないことである。職員をなるべく広い地理的基礎に基いて採用することの重要性については、妥当な考慮を払わなければならない」と規定されている。

つまり、能力と地理的配分が採用の基本的な基準となっているのである。確かに、国連職員は全体的に高学歴で優秀な人が多い。専門職員は修士号レベルの学歴が必要とされているし、国際機関という職場に憧れる人は多い。それは単に世界の人々が集まった機関ということだけではなく、世界の平和と安全保障、経済社会の発展、人権の促進、国際協調の推進といった人類崇高の目的を持っていることもある。

歴代の事務総長が力説することに、国連の最大の力は職員だ、ということがある。これは全ての官僚組織に言えることだが、職員がしっかりしている組織はそう簡単には崩れない。国連のような世界の多様な問題に対処し、状況に適応していかなければならない組織は、職員の専門的、文化的、言語的多様性が一層、不可欠だ。民間企業でも同じようなことが言える。

しかし、世界各国から職員が集まっているということは、逆に言うと、その運営と管理にはかなりの困難が伴うということにもなる。職業観や仕事へのアプローチが違ったり、能力の差異が出た際の評価の仕方も異なってくる。

二〇一二年六月時点の統計だが、国連事務局だけでも世界一八八カ国出身の約四万三〇〇〇人の職員が働いている。ニューヨークの国連本部に勤務している職員だけでも約八〇〇〇人はいる。世界各国の主要都市にある国連事務所に勤務している職員を総合すると約二万人となり、その他はＰＫＯなどの「フィールド」で勤務しており、これらの職員が約二万三〇〇〇人いる。その多くが現地で採用されているローカル職員である。

国連職員には専門職員と一般職員がいる。専門職員は各分野の専門家で、採用される時には修士号を取得していることが条件になるが、職歴が十分あったり、特殊分野の技能があったり、一般職員で最低五年の職歴があり内部の競争試験を通った人は、必ずしも修士号の必要はない。

一般職員は現地採用の職員で、専門職員をサポートする職である。一般職でも職位が上のほうになると、ジュニアの専門職員に並ぶ給与が得られる。専門職員の給与体系は米国の連邦職員をベースに国際的に決められているが、一般職員の給与体系は現地の民間企業の給与体系との比較で決められる。そのため、途上国やフィールドの場合には国際専門職員と現地の一般職員との間での給与の差が極めて大きいことがあり、これが現地職員の不満の一つとなることがある。

他方、一部の先進国の場合には現地職員の給与体系が良すぎる——例えば、現地のドライバーの給料が国連本部の部長クラスの給料に匹敵するような事態も起きて問題になったことがある。ただ、全体的に見ると、専門職員は自国から離れて勤務しているため、現地勤務手当や賃貸住宅補助、教育補助などが支給されている。（注：米国人職員が国連本部で勤務している場合には自国内扱いを受けるため、一部の補助は支給されない）

専門職員は国連職員の中核的存在となるため、それ相応の待遇を得ている。その代わりに残業手当などはない。一般職員には残業手当が支給されるが、残業は通常の時給の一・五倍から二倍支給されるため、最近では予算カットもあり残業に対しては、できるだけ休暇分に加算することで賄《まかな》っている。休日出勤の場合には、専門職員でも休暇に加えることができる。

職を専門職と一般職に分けるのは一長一短がある。国連機関でも専門職と一般職との分かれ目を明確にしていないところもある。その場合一般職から徐々に専門職に上がっていくことも可能になる。最初から専門職に就く人はそのレベルのポストの要件を満たせばよいことになる。差別的感覚がないことが一つの利点だ。国連の場合は「地理的配分」といった政治的基準もあることや世界的展開が必要なことなどから二つの職階を分け、給与体系のあり方なども明確に区別している。どちらのタイプを選択するかは、その組織の性格や規模、事業内容によるが、いずれにしても職員の士気を維持し、それ相応の待遇を付与することが大事である。

また、国連の場合、事務次長や事務次長補、事務総長特別代表などは政治任命のため、国連の仕事や職場文化に不慣れな人も多い。また、政治任命の人達はそれぞれの持ち場で管理職のトップに立つため、指導や管理の方法に相当の違いが出てくる。場合によっては長年勤務している国連職員との間で亀裂《きれつ》が起きることもある。国連というのはそれなりの難しさがある職場である。

国連の人事制度そのものにも多くの問題がある。まず制度の硬直化がある。ポストをベースにした制度のため、いくら良い業績を上げてもそれで直接将来の昇進につながるわけではない。

また、どこか別な地域や都市のポストで動きたい、フィールドの平和維持活動で仕事をしてみたいといってもそう簡単には行けない。つまり、ポストが空かないと機会がないのである。そのため、一つのポストに長年勤務し、ステップも最後に達して給料も上がらないという職員が出てくる。そのような場合の救済策はない。

ポストが空いた場合どうなるか。空いたポストは公募になり、内部の職員も外部からの応募者と競争しなければならない。国連のポストで一番数の多いのはP－3、P－4の中堅専門職員ポストだ。年齢的には三五歳前後から五〇歳くらいまでの人が多い。

そのようなポストが空いた場合、平均一五〇から二〇〇人くらいの応募者がある。その中から選ばれるのは一人だ。どのようにしたらその一人になれるのか。内部の職員にとっても大きなチャレンジである。

Ｐ－１やＰ－２のジュニアポストは競争試験の対象になっている。課長クラスのＰ－５や部長レベルのＤ－１、Ｄ－２になると競争は中間レベルほどではないが、今度は比較的少数の候補者間の激戦となる。上に行けば行くほどポストの数が少なくなるからだ。同じ職場で働いている同僚や、同じようなポストで働いている他の職場の人は「今日の友は明日の敵」となる可能性が強くなる。

定期的な人事異動がない国連

国連は人を採用する時、勤務地が変わることを明記してある。グローバルなレベルで活動する国際機関であるため、専門職以上の職員は異なる地で勤務することが期待されている。しかし、先に述べたように、現実は必ずしも勤務地の異動がスムーズにいっているわけではない。というのは、定期的な人事異動がないからである。

さらに、昇進も年功序列式ではなく空席に応募しなければならないため、別なポストに移るのも容易なことではない。まして、住み慣れた地から別の地に異動するのはそう簡単なことではない。家族がいる場合にはますますもって大きな問題となる。

国連事務局の場合には、本部での仕事とフィールドでの仕事があるが、フィールドでは平和維持活動（PKO）や政治派遣団のように紛争地域での仕事が多いため、ほとんどの場合、単身赴任だ。当然家族をどうするかが大きな問題となる。

ニューヨークの国連本部勤務の場合、家族も米国のビザが必要になる。職員がフィールドに行った場合、家族のビザをどうするかである。子供が学校に通っている年齢であれば、さらに教育の問題も出てくる。職員にとっても苦しい選択となる。

職種によっては本部でしか勤務しえないものも多い。例えば、会議サービスがある。国連は世界的「会議屋」でもある。同時並行的に多くの会議を開催しており、通訳から翻訳、会議の運営、技術者等多くの職員が関わっている。

もっとも本部といっても一つではなく、ジュネーブには欧州本部があり、ウィーンにはいくつかの国連機関が所在しており、ナイロビもアフリカの拠点となっている。地域的経済社会委員会もジュネーブに加えてバンコクやベイルート、サンチアゴ、アジスアベバにあり、それぞれ多くの会議を開催する。

その意味では会議サービスでも勤務地を変えることは可能で、実際勤務地を変えている人もいるが、ほとんどの場合勤務地を変えない。変えなくても勤務地で満足している人が多いためである。ＰＫＯなどのフィールドではそのような職種はないため、異動の必要もなくなる。

定期的な人事異動がないため、一旦フィールドに出た場合に、いつ本部に戻れるかという問題もある。例えば、国連には六〇を超える国連広報センターがあるが、一旦どこかの所長として勤務を始め、そのままフィールド生活をして退官する人も多い。ＰＫＯで仕事を始め、ＰＫＯを転々として回り、本部勤務経験がなく終わる人もいる。

国連の活動の大きな部分がフィールドにある時代になり、本部とフィールドの人事異動を促進させるために対策が取られ始めている。例えば、課長や部長クラスのポストに就く時には勤務地の異動が二回なければならないといった制約を導入している。

しかし、自分のポストを本部に置いたまま一年なり二年なりフィールドに出て戻ってくることも可能であり、また、比較的若い頃に勤務地の異動があった場合にもこれが考慮されるなどうまく活用する方法もあるため、モビリティーは思ったほどは進展していない。

逆に、フィールドのほうがよいという職員もいる。本部は大きな官僚組織であり、なかなか思うような仕事ができない場合も多いが、フィールドでは小さなオフィスでより大きな権限を与えられ、仕事の内容もより幅広くなり、具体的成果がより明確に出てくることが多い。フィールドのポストは本部と比べて高い場合が多いため、早く昇進することも可能だ。また、連帯意識も高く、同僚達と家族的な付き合いをすることも多い。フィールドの魅力も捨てがたいものがある。

国連機関の中には、国連開発計画（ＵＮＤＰ）のように世界に地方事務所を多く持ち、同じような職種で勤務することができるため、本部とフィールドの人事異動を頻繁に行なっている機関もある。一方、国連事務局の場合には職種の多さもあり、また場合によっては使用言語の問題などもあり、人事異動はそう簡単ではない。

空いたポストへの人材はどう選ばれるか

空席が公募された場合、まずインスピラ（Inspira）というシステムに入り応募する。この電子ベースのシステムは二〇一〇年に導入され、今では採用だけではなく職員の成績評価などにも使われている。国連事務局内の担当局で通常部長ないし課長レベルの職員が採用マネージャーになる。

公募する時に採用条件が明記されるが、この条件に合うと思われる応募者をまず人事部の担当官が書類審査する。これを通った応募者を、次に採用マネージャーが書類審査してショートリスト、ロングリストという二種類のリストを作成する。

ショートリストに載る人は採用条件を満たしているだけではなく、「強力な候補」と仮評価され、筆記試験に招待される。ロングリストは基本的な採用条件は満たしているが、「強力な候補」よりは劣ると評価され、筆記試験には招待されない。両方のリストに載らない人は採用条件を十分に満たしていないとされる。

筆記試験に招待されるのは二〇人くらいだが、場合によってはそれをかなり上回る場合もある。何人に絞れるかは採用マネージャーが採用条件を提示する時どのくらいの厳しい条件を付けるかによる場合が多い。ただ、一定の候補者を念頭に置いたような条件を付けられないように、ある程度の基準がそれぞれのポストに課せられている。

筆記試験はインターネットを利用して行なわれる。時間を二時間ないし三時間に区切り、いっせいに行なう。問題を開いた瞬間からインターネットの時計が回り始め、提出ボタンを押した段階で時間内に提出したかどうか分かる。採点は採用チームが採点するが、このチームは通常三人で構成される。

チーム編成に当たっては現局の採用マネージャー、担当課以外からの選考官を入れ、さらにジェンダーも考慮する。選考が恣意《しい》的に行なわれないように配慮してある。次の口頭試験には通常五人から八人くらいが招待される。候補者が一カ所とは限らないので電話インタビューが多い。候補者が一カ所に固まっている場合には個人面接を行なう。

この口頭試験は、コンピテンシーに基づいたインタビューである。過去の行動が将来にも反映されるという哲学を基にしたもので、空席ポストに見合ったコンピテンシーの分野の質問が選ばれる。この口頭試験に通るのは必ずしも一人ではない。誰も通らないというケースはほとんどなく、一人からほぼ全員が通る場合もある。

採用チームはそれぞれのコンピテンシーの分野の評価を行ない、局長に提出する。局長の承認を得て、今度は選考結果を人事部が統括する職員選考委員会に提出する。この選考委員は事務総長により任命され、現局の選考結果を吟味し、選考が公平に行なわれたか審査する。筆記試験や口頭試験に漏れた応募者の中に、ポストの条件を十分満たしている人がいた場合などは、そのような候補者に機会を与えるよう指示ができる。

この委員会が推薦リストを承認した後は、当該局の局長に承認の通達がいく。局長は局内での人事権を有しているため、採用チームによって推薦された、どの候補者を選んでもよいことになっている。局長は通常部長などと協議して最終候補者を選ぶが、局長の判断だけで選ばれる場合もある。その意味で局長の人事権には相当強いものがある。こうして、選考プロセスが完了するのである。公募期間だけでも二カ月あるため、選考プロセスが完了するまでには早くて半年、普通はもっと時間がかかる。

選考プロセスに時間がかかるため、これを迂回《うかい》する方法も出てきた。それは採用分野のロスター（名簿）に登録されることである。同じ分野のポストに応募して最終選考されない場合でも、推薦リストに載った人の場合にはロスター登録される。そして同じ分野の空席が公募になった場合には応募して、採用マネージャーがロスターから条件にあった候補者を見つけた場合に、そのロスターからすぐに採用してもよいことになっている。

これに対しては賛否両論がある。採用する側から見れば選考時間を短縮できるのでよいが、応募する側から見ればロスターに入るためであっても、選考プロセスを経て推薦リストに載せてもらわなければならない。どちらのプロセスを選ぶかは現局の判断による。

必要とされるコンピテンシーとは

世界各国から集まる国連職員の質の向上と、管理能力を上げるための努力がなされたのは比較的最近のことである。アナン事務総長時代に始まり、潘事務総長が引き継いだ。コンピテンシーとは、専門的知識、個人の気質と態度を合わせた総合的能力のことをいう。管理職コンピテンシーとは、さらに管理・指導能力を加えたものである。

国連がフォーカスグループを設立して、いろいろな角度からコンピテンシーを研究した結果、「未来に向けた国連のコンピテンシー」というガイドブックをまとめた。その中で、中核的価値、中核的コンピテンシー、管理能力コンピテンシーを定義しているので紹介する。

中核的価値

（1）高い人格（integrity）

（2）プロフェッショナリズム

（3）多様性尊重（respect for diversity）

高い人格には、個人の利益を優先しないことや政治的圧力に負けない、権力を乱用しない、人気のない決定でも組織の利益のための決定であればその決定に従う、倫理に合わない行為があった場合にはすぐに矯正措置を取る、などの資質が要求される。

プロフェッショナリズムというのは、専門知識を十分に習得しているだけはなく、仕事や成果にプライドを持つとか、締切や約束事は守る、困難な状況に接してもそれを克服すべく辛抱する、ストレスの大きい状況でも冷静を保つといった要素も含まれる。

多様性の尊重に関しては、多様なバックグランドを持った人達と効果的に仕事ができる能力や、男女平等の扱い、異なった意見を持った人達も理解し尊重する態度、自分の偏見や態度を点検しステレオタイプに囚《とら》われない対応ができる能力、個人やグループに対し差別しない態度などが要求される。

中核的コンピテンシー

（1）コミュニケーション
（2）チームワーク
（3）企画組織能力（planning and organizing）
（4）責任感（accountability）
（5）創造性（creativity）
（6）サービス精神（client orientation）
（7）継続的学習（commitment to continuous learning）
（8）技術能力の向上（technological awareness）

コミュニケーションは、単に話したり書いたりできるだけでなく、相手の言っていることに耳を傾け、理解を示し、相応の対応をすることである。一方的ではないコミュニケーションで相手に質問したり、相手の言っていることに関心を示したりすること、聞いている人達が分かるような言葉使いや話し方をすること、情報を共有しているというオープンな態度を示すことなどが含まれる。

チームワークは、目的達成のために同僚と協調しながら働くことであり、他の人のアイデアや専門知識を純粋に評価し、個人のアジェンダではなくチームのアジェンダを念頭に置く。成果を上げた時にはチーム全体の努力のためとし、逆にチームが成果を上げられなかった時には共同の責任を負う、といったことである。

企画組織力は、合意された戦略を達成するために明確な達成目標を作成する能力や、優先される活動や行動を明確にし、必要があれば優先順位を変える柔軟性、時間やリソースの有効な配分と利用、うまくいかない場合に備えた計画の作成ができる能力を伴う。

責任感は、自分の責任を明確にし、約束したことはきちんと守ることである。責任を与えられたものについては時間、コスト、品質を守り、結果を出す。組織の規則やルールを守る、部下をサポートし与えた仕事についてはきちんと監督しその結果には責任を取る。自分あるいは自分の持ち場で物事がうまくいかなかった場合には個人としての責任を取る、といったことが含まれる。

創造性には、仕事やサービスへの積極的向上心、問題解決への新たな選択や異なるアプローチの提供、新たなあるいは通常と異なるアイデアに対してはよく考えながらリスクを取ること、一定の枠に囚われない思考などがある。

サービス精神は、サービスの提供を受ける人をクライアント（顧客）と考え、クライアントの立場からものを見ること、クライアントの信頼を得て生産的なパートナーシップを確立し維持すること、クライアントのニーズを知りそれにマッチした解決を提供すること、クライアントに進捗状況や問題が生じた場合にも知らせる、要請された時間を厳守する、といったことである。

継続的学習は、自分の専門分野の新たな動きを常にフォローし自分の専門性を磨くことに加え、他人から学ぶ姿勢を見せ、フィードバックを求め、同僚や部下の能力向上に貢献することなどが含まれる。

技術能力の向上には、新たな技術を会得することや得た技術を積極的に仕事に活用することなどが必要になる。

管理能力コンピテンシー

（1）指導力
（2）ビジョン（展望、先を見る力）
（3）他の職員に力を与え、力を引き出す（empowering others）
（4）信頼性を築く（building trust）
（5）他の職員の指導（managing performance）
（6）良い判断や決定（judgment / decision-making）

指導力とは、他の人へのロールモデル（模範）となること、他の人が自分の達成したい結果に導けるよう力を付けてあげること、結果を達成するためにより積極的に戦略を作成すること、広範囲の人と関係を確立、維持して支持を得られるようにすること、衝突を予想し相互に合意できるような解決方法を模索し解決すること、現状維持で満足せずに変化や向上を求めること、多くの支持が得られない場合でも正しいと思うことを成し遂げる勇気をもつことなどを指す。

ビジョンは、戦略的な問題や機会、危険度などを見極め、組織の戦略と個々の部分の達成目標との関係を明確にし、組織の向かっている目標を提示し、伝え、他の人達をその方向に向かって邁進《まいしん》させ、将来に向けた熱意を伝えるような力である。

他の職員に力を与え、力を引き出すエンパワーメントは、責任を部下に与え、何が期待されているか明確にし、部下に自分の責任分野の仕事についてはそれなりの自由裁量の権限を与えること、より高度な目標を達成するよう奨励すること、自分の責任分野については責任感を植え付けること、他の職員の業績や専門性を尊重させること、関係のある問題にかんする政策決定に参画させることなどが含まれる。

信頼性を築くということには、職員が仕返しなどを恐れずに問題を話したり、行動できる環境を作ることや、仕事の透明性を確保し、同僚や職員、クライアントの信望を得ること、他の人の業績をきちんと認め、合意事項はきちんと守り、政治的に微妙な問題や機密情報は守ることなどがある。

他の職員をうまく指導していくためには、各人の役割や責任を明確にし、それ相応の決定権限を与え、時間やリソースの配分をうまく判断し、タイムラインを守っているかどうかフォローし、フィードバックを与えたり、必要に応じてアドバイスをしてあげたり、職員のキャリア形成に貢献したり、仕事の評価を公平に行なうことが必要になる。

良い判断や決定とは、複雑な問題を正確に理解して問題の核心にせまること、決定を下す前に十分な情報を収集し、プラス・マイナスを十分に考慮すること、決定を下す際には組織や他の人達への影響を十分視野に入れて行なうこと、想定事項は必ず事実と照らし合わせること、決定は目的を達成することができるか判断し、必要な場合は困難な決定も行なうといったことである。

個人行動にみる民族性の差異

国連のような国際機関で働いていると、どこの国出身とか、どの民族に属するかといったことはほとんど考えない。一人一人の人格や、働きやすいかどうか、親しみを持てるかどうか、自分を信頼し評価してくれているかどうかといったことが職員にとって大事で、その意味ではどの組織にも共通したところがある。

ところが、時々社会的な価値観とか行動様式が異なることがある。それをよく理解していないと国際機関といえども摩擦の原因になったり不満の原因になったりする。

フランスに語学研修に行った時のことだが、世界各地から部長、課長クラスの人達が何人か集まった。その中には、ベイルートの国連南西アジア地域経済社会委員会から来たイギリス人やニューヨークの国連本部勤務のロシア人二人、やはり国連本部勤務のアメリカ人、ギリシャ人、それに日本人の私、さらに、アフリカのブルキナファソにある国連機関勤務のナイジェリア人がいた。

研修はパリの郊外にある、陶器で有名なセーブルという町の教育研究所で行なわれたが、近くのホテルに帰る時にはみんなで歩いて帰ることが多かった。

いっせいに歩き始めるのだが、イギリス人はマイペースで歩き、いつの間にやら消え失《う》せてしまう。ロシア人の二人はどこに行くか必ずといっていいほど自分で決めない。みんなの意見を聞いてから決断する。ソ連時代にコムソモールあたりの児童用教育施設で育ったせいか、集団的な行動に慣れている。ギリシャ人は南欧の気候の良いところで育ってきたこともあり、楽しいことにはすぐのってくる。いつも笑顔を絶やさない。アメリカ人は実用的で、物事のプラス、マイナスを考える。当の私、日本人はできるだけみんなと協調する。ナイジェリア人は特に自分の考えを出さないが、周りの状況を見極めてからみんなに付いてくる。

これはある一例で、実際には簡単にステレオタイプ化することはできないが、いずれにしてもこのような異なる考えや行動パターンが違う人達が集まって国連が成り立っているのである。皆自分の職場に戻ると大きな組織の一員としてそれぞれの役割を担っているが、世界中の人間が集まっているだけに、それぞれの異文化を理解することによって摩擦や不満を少なくする必要がある。

私の国連での異文化社会体験は結構ある。

ある時、道路を歩いていてレバノン出身の元上司に出会った。その上司は素敵な皮の帽子を被っていた。「その帽子素敵ですね」、と言うと、その上司はその帽子を取って私にくれた。「中東では、相手の持っているものを褒《ほ》めた人はそれが欲しいと解釈されるので、あげるのですよ」と言って帽子を引き取らなかった。

「あ、それは知りませんでした。そういうわけで今回はお返しします」と言って返したのだが、別れ際にふと「その帽子は本当に素敵ですよ」とまた言ってしまった。その元上司は再度帽子を取って私にくれた。彼は今度は引き取らなかった。仕方なく頂くことにしたが、言葉のはずみでそうなってしまった。その帽子は私の頭のサイズには合わず、結局お飾りとなってしまった。

日本では挨拶《あいさつ》する時にお辞儀をする。欧米では握手をする。中東に行くと同僚や親しくなった男性と挨拶する時、頬《ほお》を合わせる国もある。これに慣れるのには少し時間がかかる。他方、女性とは握手をしない。

ある課を任せられていた時、部下にロシア人がいた。ある時、昼過ぎだったが、彼の部屋に行くと、彼の口からアルコールの匂《にお》いがした。局の行政担当官からこの職員のアル中については聞いていたが、これで実態が摑めた。さてどうするか。

寒冷地ロシアでは、ウォッカを飲んで体を温めたり寒い冬を乗り越えたりする人が多いのでアル中が多くなる。国連ではランチを人との交流の機会とすることが多いので、その時に何らかのアルコールを飲む人もいる。外交団との交際ではこれは頻繁《ひんぱん》に起きる。このロシア人職員の場合には、午後頻繁にオフィスに立ち寄り仕事の話をすることにした。しばらくすると、アルコールの匂いがするのは稀《まれ》になった。本人も自覚したのである。自分の仕事はきちんと片づけていたので問題は起きなかった。

アジア出身の職員は、一般職員でもよく働く。真面目に働き過ぎて、特に上司とはあまり言葉を交わさない人も多い。上下関係の意識が強いためだ。問題があってもなかなか伝わってこない。そのような場合には、できるだけ雰囲気を和らげる工夫が必要になる。人によっては頻繁に誕生会をやったり、定期的なランチを企画したり、金曜日の仕事が終わるころにオフィスパーティーをしたりしている。そのような中でコミュニケーションの機会を作り、信頼関係を築くことが大事になってくる。

国連職員の四つのタイプ

国連での日本人職員第一号で、広報局長、軍縮局長、人道問題局長などを歴任された明石康《あかしやすし》さんが一九八四年に出版した『国連ビルの窓から』（サイマル出版会）という本の中で、当時の国連職員の四つの選択というのが述べられている。（1）国連憲章の理念を追求する、（2）仕事に意味を求めず私的な生活に幸せを見つける、（3）無国籍的空白さをアメリカ文明の精神的養子となり埋める、（4）自国文化の良さを保ちつつ、多元的な国際社会の不公正や不合理を少なくしようと協力していく。（1）と（4）は補完性があるとしている。

この本が出版された頃は、まだ東西冷戦の真っただ中だった。その影響は国連職員にも反映しており、ソ連（現ロシア）や東欧の共産圏の職員は政府から送られ、国連を舞台に情報の収集に当たったりして自国のために働いていた。

国際公務員とは名ばかりの人もいる中で、国際公務員制度も半ば形骸《けいがい》化していたのである。それが冷戦の終焉《しゅうえん》で少しずつ変わり始めた。冷戦後、国連の役割と活動が拡大し、政府の操るヒモも切れ、国連職員の本来の姿が出始めてきた。

特にPKOなどでは、それまでの軍人を中心とした平和維持活動から選挙監視や人権の保護、難民・避難民の帰還、憲法の制定といった大規模な文民活動が必要となるにつれて国連職員の多くがそのような分野で貢献する頻度が多くなった。自然と国連職員の士気も上がってきた。また、各事務総長も国連の公務員制度を確立したものにするため、事務局改革に努めている。

しかし、国連は世界の独立した機関ではない。一九〇を超える国家が集まってできている国際機関であり、国際政治の影響が常に現われる。

事務総長自身が安全保障理事会の推薦で決まるため、拒否権を持つ常任理事国の影響力は強い。また、選出された事務総長も常任理事国の意向を踏まえた上で中核となる事務次長ポストを任命していく。そのような政治ポストはどうしてもその国の政治色が強くなるが、これをどう事務総長が使っていくかは事務総長の政治力にかかってくる。

他方、最近のキャリア職員には大別していくつかのタイプがある。(1) 国連の理念や価値を守り促進しながら自分のキャリアを国連に求める（純国連型）、(2) 国連を自分のキャリアの一部として活用する（キャリア優先型）、(3) 国連を普通の職業としてみる（職業型）、(4) 国連を私生活の一部としてみる（私生活優先型）。

国連を目指して入ってくる人の多くは「国際機関で働いてみたい」との、ある種の理想化した国連をベースに強い願望を持っているが、一旦入って実際の仕事をしてみると様々な官僚的束縛や障害、仕事上での壁、政治的制約などに突き当たる。それを乗り越えて国連の価値、国連で仕事をする価値を見出した人が純国連型になっていく。

キャリア優先型には二つあり、一つは国連内でキャリアアップするのを最優先にして邁進するタイプと、外務省など自国の政府からの出向で国連の経験を積んでいくタイプがある。

職業型の人は、国連であってもなくても自分の仕事をキチンとこなしていけばよいというタイプで、必ずしも国連という職場に固執することはないが、職業の安定性などから国連に残ることが多い。

私生活優先型は国連の仕事自体には大きな生きがいを見出せない、あるいはなかなか自分の思う仕事ができない、昇進につながらないなど不満はあっても仕事はしながら、生きがいを職場の同僚との関係や私生活に求めるタイプである。国連在職中、一つのタイプから別なタイプに変わる場合もある。その時の状況や経験によって、国連に対する見方や自分の職業観も変わることがあるのである。

国際キャリアの形成に必要なもの

国連や国際機関だけが国際キャリアではない。政治外交の世界から貿易、投資、金融といった国際経済、芸術や音楽の世界、NGOなどの国際連帯活動に至るまで、相互依存と国際交流が深まる中で国境を越えた活動に従事することが国際キャリアにつながる。ここでは国連や国際機関でキャリアを形成する場合に必要な要素を見てみる。

(a) 語学力

外国に行って、その国の言葉ができるかどうかで雲泥《うんでい》の差が出てくることは、海外に出たことのある人であれば皆感じることだ。国連機関では六カ国語が公用語であるが、作業言語 (working language) は英語とフランス語で、どちらの言語で仕事をしてもよいことになっているが、やはり英語が主流である。

国連のPKO活動はフランス語圏でも多く活動しているが、フランス人のPKO局長がフランス語圏のコンゴ民主共和国の国連PKOを初めて訪れた時、国連職員の多くが英語で仕事をしているとして嘆いていたことがある。もっとフランス語ができる職員を増やさなければならないと強調していたが、国連事務局の作業言語が英語中心であることから、フランス語圏のＰＫＯでも本部とのやり取りは英語にならざるを得ない。

事務総長報告書など、国連事務局が用意する国連公文書は英語で草案が作られ、英語で決裁される。それが他の公用語に訳される体制になっている。フランス人のＰＫＯ局長や他のフランス人職員も皆英語は堪能だ。

英語の優位性はビジネスでも同様だ。ある時、日本に帰る飛行機の中で米国人のビジネスマンと会話する機会があった。彼は日本と韓国でビジネスをしているが、韓国のほうがビジネスをしやすいと言う。その理由を聞くと、韓国では皆英語ができる、と言う。逆に、日本では英語で苦労するということだった。

日本の英語の勉強は受験用の英語だ、と私の高校時代の英語の先生が言っていたのを思い出す。今は外国から英語の先生を招聘《しょうへい》したり、英語学習の始まりを早めたりして英語力向上に努めようとしているが、日本では生の英語に接する絶対的時間が極めて少ない。これでは学校の授業時間に学ぶ英語が上達するわけがない。

日本語と英語の間には大きな違いがいくつもある。別の言語体系のため仕方のないことだ。英語の単語や表現が分からない時には、日本語でその意味を推測することができない。ラテン系の言語、例えばフランス語を勉強した人が同じラテン系のスペイン語を勉強すると、語源を共有している場合が多く、スペイン語で分からない単語をフランス語から類推するといったことができる。英語と日本語の場合はそうはいかない。

したがって、英語に全面的に浸《ひた》る環境に一定期間自分を置かないといつまでたっても英語は上達しない。ある語学の先生に語学の習得術を聞くと、「イマーション（immersion）」（その言語に浸りきって習得する）という答えが返ってくる。つまり、言語を生きている言葉として学んでいくことが不可欠だということである。

全ての人が「イマーション」できるわけではない。外国語を勉強する際、その文法を学ぶことは当然である。文法を学びながら「言葉を耳で聞く」ことも忘れてはならない。子供が言葉を学ぶ時に文法から始めるのではない。言葉を聞くことから始まり、それを頭の中で理解して初めて自分の言葉が出てくるのである。

相手の言うことを聞いて、それが分からなければ会話が続かない。日本にいると英語を耳で聞く時間が圧倒的に少ない。ＢＢＣやＣＮＮなどを見ていても、日本語で見ていたのでは英語は上達しない。最近ではネットでも英語のニュースを聞いたり、映画を見たりできる。生の英語を聞く時間をもっと増やすことが必要だ。そのツールは増えてきている。

また、言葉は文化の一部でもある。その国の文化を理解していない状況では会話が続かない、または発展しないことが多い。この場合の文化は広い定義である。政治から経済、社会、歴史、芸術と全てのものを含む。これはその国にいなくてもある程度は理解できる。さらに、その国に行って直《じか》に触れてみることも大切になる。その国の風土や社会のあり方、人の考え方などには大きな違いがある。理解を深めることが言語習得にも役立つ。

こうしてみると、語学力という時、読み、書き、話し、コミュニケートできる力とそれを後押しできる知識や経験、判断力など総合的な力が必要になることが分かる。

(b) 専門知識

私が米国のコロンビア大学の大学院で勉強していた一九八〇年頃の話だが、大学の一年先輩が一年遅れて修士課程に入ってきた。

国際関係論分野が専攻だったが、その中でも国際経済に関心があり、一年が終わった後の夏、米国の市中銀行のインターンシップで東京に戻った。二年の修士課程を終え、就職先はこの市中銀行だった。勤務先は東京。外国の企業が躍進する日本経済に魅せられて日本に進出するので、彼のような国際経済の知識があって英語ができる人材を欲していたのである。

その後、日本の大手企業もそれまでの商社中心の海外活動から、自己資金をベースに海外に活動を広げる、あるいは拠点を作るようになっていった。当然、海外で仕事ができる人材が必要となり、自らの職員を海外のビジネススクールに送ったりして、そのような人を増やしていった。米国の市中銀行はその点一歩先を進んでいたのである。

日本の雇用形態も変わりつつある。日本の企業も変わりつつある。国際競争が激しくなるのは企業同士だけのことではない。人材獲得競争も激化しつつある。能力のある人は一つの企業への忠誠心は強くは持たない、あるいは持つ必要はない。

企業実績を上げることで企業へ貢献するとともに、それは自分の実績にもつながる。そして自分のキャリアを切り開いていく。このような人材はどこの企業でも欲しいのが現実だ。競争が激しければ激しいほど、そうである。

日本でも一人あるいはグループで起業していく人が増えてきている。そして能力や実績のある人材は、外国の企業も欲しがり、投資する。米国の大手企業のグーグルが東大のロボット研究の先端を行く人材を引き抜いたのは、そのような人を集めて将来発展の見込めるロボット開発分野で先を行こうとする企業戦略である。

日本も米国の影響を受けて修士号を取る人が増えてきているが、就職となると、そのような人材を積極的に採用する企業はそう多くはないようだ。まだ企業内で人材を育てる慣例が続いているようであるが、長期的な人材を育てるという意味ではよいが、国際競争が激しくなる中で、それだけで他企業、特に外国の企業に太刀打《たちう》ちできるとは限らない。

日本の企業では、まだ女性を男性と同等に扱っていないところも多いため、優秀な女性は外国企業や国際機関に就職する人も多い。国連事務局の場合、日本人専門職員の六〇パーセントが女性である。部長、課長クラスで活躍している優秀な女性も多い。

国連の場合男女の差別はなく、むしろ女性を優遇している面がある。産休も三カ月あり、貯めた年休なども併せ四カ月から六カ月くらい産休を取る人が多い。産休中はその職は保存しておき、復職も問題ない。

結婚や出産などで離職する人は、個人的な理由がある場合を除き、ほとんどない。学校が休みの時、子供を職場に連れてきても文句を言う人はいない。その辺りの個人的理由は皆理解している。いろいろな意味で、国連は女性にとっては働きやすい職場だと言える。

国連の専門職員になるには原則、修士号を取得していることが必要だが、修士号を取得しているくらいの職員は皆、優秀である。それは単に知識が豊富なだけではない。情報収集の仕方とか、分析の仕方、議論の構成の仕方、プレゼンテーションの仕方など、多面にわたり方法論を取得しているからである。

基礎ができている人は長期的に伸びる。今の日本の大学学部レベルの学生の学力は一般的に低く、あまり勉強をしていない学生が多いと言われる。これに比べ、米国の学生は学部レベルでも皆よく勉強している。下手な講義をしている先生は抗議の対象となる。授業料が高いこともあるが、それ以上に将来成功したいという意識と上昇志向が強いためだ。

そのように勉強してきた学生は優秀で、職歴をつけて大学院に戻り、さらに上のレベルの職に就いていく。日本の企業も次第にこのような人材を必要とするだろう。企業が変わらないと教育も変わらない。日本の将来が懸念される中で、企業も教育も変わらなければならないのである。

(c) 多様な文化の中で生きていける能力

日本社会や日本人の特性あるいは特異性については、ルース・ベネディクトの『菊と刀』やイザヤ・ベンダサン(山本七平のペンネームとされている)の『日本人とユダヤ人』などで紹介され、その後、日本人論が盛んになった。このように、他の国の文化について別な文化社会から来た人が書いたものが多い。

米国とイギリスは同じ英語圏で、米国はイギリスから独立したのだが、同じ文化かと言えば必ずしもそうではない。米国人のジャーナリストがイギリス人と結婚してイギリスに住み、イギリス社会文化を観察して様々な特異な点について書いた本もある。

文化は特異性があるからこそ文化であり、国や地域に根差したものである。異なる文化で育てば異なる価値観が生まれたり、行動の仕方が変わってくるのは当然である。日本でも「アホ」は関西では頻繁に使われ意味が軽いが、関東の人にとってはすごい侮辱を受けたような感覚で受け止められるように、言葉の使い方にも文化的な違いが反映する。

国際社会は多くの異なる文化が共存しているところであって、多様な文化背景を持った人達が一つの職場で働くということは、実はそう簡単なことではないのである。

異文化の人達が多く働いている職場で何が必要かというと次の点であろう。

1. オープンマインド（心を開いて他人の言葉に耳を傾けること）
2. 学ぶ姿勢（自分とは異質なものを理解すること）
3. 適応性（自分の慣れた社会、文化圏外でも生きていける性格）
4. 理念（自分の考えをしっかりと持つこと）
5. 相対性（自分の主張と他人の主張の接点を探り妥協できる能力）

(d) 人間力と戦略性

多種多様な人々がいる職場でしばらく働いていると、国や文化が違っていても、誰がどのような能力を持っており、誰が仕事をしっかりやっているか、誰が信頼できるか、誰が野心を持っているか、誰が競争的で誰が協調的か、誰が自分を理解しサポートしてくれているかなどが分かってくる。

そのような中で自分の立場を築いていくためには、異なる人を包容できる人間性と戦略性が必要だ。

上司の場合、その上司といかにうまくやっていくかが、仕事をしていく上で大きな鍵になる。しかし、上司にも仕事ができる人とそれほどできない人がいる。あるいは、人間的に尊敬でき、信頼のおける部下を大切にしてくれる人と、野心家で自分の成功や昇進のことを中心に考えている人がいる。

仕事ができ、信頼のおける上司の場合は問題ないが、そうでない人が上司になった時にどうするか。これには自分の人間性と戦略性が必要になる。

国連の上のポストには、仕事ができるために抜擢《ばってき》され、昇進した人だけが就くのではない。政治的な任命や政治力を使って入ってきた人とか、たまたま人のネットワークがあったがためにポストを得た人なども結構多い。私もいろいろな上司と仕事をしたが、何人か苦労した上司がいる。大別すると次のパターンの人だった。

1．有能であるが野心家で自分の目的追求のために部下を使う
2．自分に情報や仕事を集めてしまう
3．常に部下をコントロールしようとする

有能で野心的な上司は言葉を巧みに使いこなし、人も巧みに使う。使われているなと感じても相手は上司である。命じられたことは、キチンとしておかなければならない。しかし、できることとできないことは、自分なりに判断して上司に伝えなければならない。良い判断をすることが大事だからだ。そして、ある程度の距離を保っておくことも必要になる。

有能で野心的な人はどこかでつまずくことが多い。自分の能力に溺《おぼ》れ、客観的に物事が見えなくなることがあるからである。この上司もその例外ではなかった。そのような人と一体視されることは避けなければならない。

自分に情報や仕事を集めてしまう上司には苦労する。情報が共有されない場合には、部下は独自の判断ができなくなってしまう。あるいは判断に不正確なものが出てきてしまう

ことがある。したがって仕事ができないとみられる可能性も出てくる。職業に対する専門家としてのプライドと自信にも影響してくる。

私の経験でも、こちらで起草した報告書案が、いつの間にかその上司に修正され、それがさらにその上司のところに提出された後、またさらに修正され、結局自分の草案に戻ってしまうことも結構あった。改善ではなく改悪になるケースである。

そのような場合には直属の上司に文句を言うのではなく、最終権限を持っている上司との関係を良くしておくことである。そのような上司は草案に不可解な点や論理的でないような場合には担当官に聞いてくるものである。そうした時にキチンと事実に基づいた論理に合った答えを出しておくと、信頼されるものである。信頼は信頼を呼ぶ。

常に部下をコントロールしようとする上司は大変である。アフリカで勤務した時のことだったが、国連を代表する常駐調整官が「自分はインフォメーション・フリーク（freak＝マニア）だ」と私に向かって冗談半分言ったことがある。これは「自分の了解なしに情報を出してはいけない」ということである。公開される報告書の発表でも、内容が政治的に微妙だということで、タイミング良く情報を流せなかったことがある。

これは、広報担当の私にとっては苦難だった。この上司には正確な情報を発信することの大事さを、ローカルな国連報道に対する対応を通じて地道に教え、こちらの得た各種情報を提供することによって信頼を少しずつ築いていく戦略を取った。

この上司は、国連の立場が現地政府の閣僚によって曲解された報道をされて初めて、そのような一方的な情報に対応しなくてはいけないといって私の助けを求めてきた。やっと情報の扱い方の重要性を分かってくれたようだった。この上司は後に別の国に異動したが、そこの広報関係者から仕事がしづらいと苦情が寄せられた。人間はそう簡単には変わらないものだとつくづく思った。

逆に部下に対してはどのような扱い方が必要だろうか。よく仕事ができ、人間関係もうまくいっている部下は問題がない。できるだけ評価してあげて、必要に応じて仕事やキャリア形成でアドバイスをする。そうすることによって自分への信頼を高めていく。

問題は、周りからたくさん苦情の出る職員をどう扱うかである。本人は一生懸命仕事をしていると思っているのに、周りの人達は「この職員は仕事をしない」「仕事ができない」「やる気がない」と言って不公平感をぶち上げてくる。異文化社会が集まった国連のような職場ではこのような場面がよく見られる。適宜対応しないと、職場のリーダーとしての資質が問われてくる。

国連のような機関では、本当に仕事ができないという人は極めて少ない。仕事ができない場合には必ず理由がある。考えられるのは次のような時である。

1. 個人的な悩みごとがあり、仕事が捗《はかど》らない
2. 肉体的あるいは精神的に何らかの病気や体の故障がある
3. 職場での人間関係がうまくいっていない
4. 自分の能力や関心のある仕事ができていない

個人的な問題がある場合には、本人が話したい場合を除いてはあまり直接関与せずに、その職員の親しくしている人などを介《かい》してアドバイスをしてあげる方法もある。

病気や体の故障については医者の診断によるが、中にはこれを悪用する職員もいる。国連の場合には長期病欠の場合一定のルールがあるが、その間には給料が全額あるいは半額

支払われるため簡単には補充できない。そのため少ない人員での仕事を余儀なくされることがあるが、そのような職員とはメールや電話、時には直接の対話を継続することにより、職場とのリンクを保つ努力も必要である。

職場での人間関係がうまくいっていない場合には、できるだけ異動を促してあげる努力が必要になる。問題児を異動させるのはそう容易なことではない。そのような評価はかなり広範囲に知れ渡る。受け入れ先が躊躇するのは当然だ。したがって、定期異動がないような職場では上に立つ者の努力が益々もって必要になる。

私が国連に入って数年後に一般広報室長になったが、その職場では現地職員同士の関係が極めて悪かった。常に他の職員の悪口を言っているのである。

職員たちの苦情をよく聞いてみたところ、結局仕事の割合に対し職員が多すぎるのと、職員の定期異動がないことが原因であるとの結論に達した。その後数年で職員を他の課にローンの形で移したり、信頼のおける若い職員を採用したりして半分くらい入れ替えた。そしてやっと職場が安定した。

（e）ネットワーキング

日本人職員はネットワーキングがあまり上手でない人が多い。仕事はよくできるが、なかなか異動や昇進ができない場合が多い。これは特に日本の職場から派遣されたり、日本的な社会で長く働いてきた人の場合、顕著だ。

仕事をしっかりやって良い評判を立てておくことは、どのような場合でも必須の要件だが、良い仕事をしていれば周りが自動的に評価してくれ、その後の異動や昇進につながると思うのは国連のような組織では望めない。日頃から自分のネットワークを作る努力もしておき、何らかの時にサポートし合うということも極めて大切である。

そのようなネットワークを通じて情報を得たり、与えたり、仕事の機会を見つけたりしていく。そして、一緒に仕事をしてお互いを支えていくという体験がエスプリ・デ・コー(団体精神、団結心)を生み、人間関係を長期的なものにしていくのである。

このエスプリ・デ・コーはフィールドで一緒に仕事をした経験がある場合に特に強い。ＰＫＯのようなフィールド活動では仕事も生活も共にすることが多い。お互いを知る時間が豊富になるし、精神的な支えにもなる。異国での小さなコミュニティーなので、お互いに助け合わないと困難が生ずる。そのような人生体験によって絆《きずな》が強くなるのである。

自分のネットワークが広ければ広いほど情報量も多くなる。組織が大きいほどそのようなネットワークを通じての情報が役に立ち、官僚的な縛《しば》りを乗り越え、あるいは縦割り社会の中で物事を成し遂げることを容易にする。要するに人が情報を持っているのである。

(f) 協調性と自己視点の確立

協調性と自己視点の確立は一見背反するように見えるが、実はその両方とも大事な点である。日本では「出る杭《くい》は打たれる」という諺《ことわざ》があるように、自分が突出していると周りから冷たい目で見られるので、自分の意見はあまり強くは外に出さない傾向がある。そして、「長いものには巻かれろ」というように、大勢に従い、協調性を保つほうがよいといった風潮がある。

しかし、国際社会では自分の意見を出さないと意見がないと見られてしまう。自分達の意見を出し合って妥協点を探っていく。妥協点を受け入れることが協調性なのだ。したがって、自己視点を持つことと協調性は両立することになる。

第4章

国連の問題処理

——苦情や訴えにどう対応しているか

国連の人事評価基準

人を評価するというのはそう容易《たやす》いことではない。しかも、多くの異国文化が共存している社会で一つの物差しで人を評価するのは一層困難なものである。しかし、組織がうまく機能していくためには、それぞれの職員が与えられた仕事をしっかりと実行していかなければならない。問題はそれをどう評価していくかだ。

人によって評価の尺度が違う。しかも国連事務局の場合、優れた評価がそのまま昇進や異動につながらないという人事制度の中での話である。勤務評価を巡っては何度か改革が行なわれたが、多少前向きの改革は行なわれても、これを後戻りさせるようなことも起こっている。それは勤務評価を巡る闘いが、これまで以上に激しくなってきているからである。

私が国連に入った頃の勤務評定は五段階だった。5が優秀で、4が大変良くできる、3ができる、2が改善の余地あり、1ができない、だった。

この頃は評価が4でも上司の評価を不服として訴えることができたため、訴えられることを嫌って多くの上司が職員に5の評価を付けていた。そのため、かなりの職員が優秀の評価だったが、逆に優秀でもそれで何が変わるというものではなかったため、評価は皆あまり真剣には捉えてはいなかった。

これが事務局上がりのアナン事務総長時代に人事改革の対象になり、評価方式が変わった。同じ五段階方式だったが、５が自分の設定した仕事の目標を「常に」上回る仕事振り、４は自分の仕事の目標を「頻繁に」上回る仕事振り、３は目標を「予定通り」達成、２は「下回り」、１は「達成できず」となった。

国連の加盟国は、評価は「ベルカーブ」となるべきで、優秀な職員と仕事が達成できない職員は少なく、ほとんどの職員は４から２で大多数は３であるべきだとした。事務局は５と４の評価に関しては、その理由を明記するよう義務づけたが、いずれにしても、ほとんどの職員は５から３の評価を受けるようになった。評価が２か１の場合には、不服を申し立てることができた。

この評価方式でも２か１を付ける上司は極めて少なかった。不服申し立てをされると、やはり調査委員会が設置され調査に時間がかかるからである。職員との関係も悪くなるし、上司に対する不満がぶちまけられる。その反論に時間がかかり、良いことがない。したがって、仕事の内容が悪い、あるいはあまり仕事をしないケースがあっても、上司は反論されない「予定通り」の仕事達成の評価をしてしまうのである。

潘事務総長になってから、新たな評価方式が採用された。それは五段階を四段階にして、4を目標を超える仕事振りとし、3を目標達成としてほとんどの職員は3を期待すべきとしたことである。

さらに、評価の基準をより明確にし、仕事の目標の設定から目標達成の評価基準、成果等を明記するようにし、上司と職員の間でのより密接な協議、中間地点での仕事内容に関する協議、最終成績を付ける際の協議なども義務付け、上司と部下とのコミュニケーションを図り、評価を成果向上の手段とした。

これをインスピラというウェブベースでアクセスや進捗状況を把握する上で格段に容易にさせた。それ自体は大きな進展であった。しかし、問題はこのシステムが単に業務評価から国連のコンピテンシーが採り入れられた人物評価まで広範囲に至るものになったことである。

国連のコンピテンシーについてはすでに説明したが、評価は大別して三つのカテゴリーに分けられる。まず国連という組織で働く職員としての基本的な価値（コア・ヴァリュー）を有しているかということがある。三つの基本的価値それぞれについて評価しなければならない。中核的コンピテンシーについては職員は全てを選ぶ必要はなく、仕事をする上で特に必要と思われるコンピテンシーを四つか五つ選べばよい。

全てを選ぶと、上司はその全てのコンピテンシーについて評価しなければならないので、例えば、「創造性」などについては、現在の仕事が多くの創造性を必要としない場合には削除したほうがスマートである。管理職の場合は、管理能力コンピテンシーのうち特に重要と思われるコンピテンシーを選ぶ。

昔の評価方式は職員の様々な資質や仕事の内容を数字（５～１）で表わせばよかったが、現在のシステムでは、まず仕事の目標を達成したかどうかについてはそれぞれについて細かく評価を書かなければならない。

そして、それぞれのコンピテンシーについては「期待を超える」場合には、必ずその評価の理由を書かなければならない義務が課された。そうすることにより、最上点をできるだけ限定するようにする意図があった。職員にはほとんどが「期待通り」の評点を期待するようアドバイスされた。

仕事の目標とその評価判断基準が明記されたことにより、目標が達成されたかどうか比較的容易に分かるようになったのはよいものの、目標に達していない場合には、それを記述することが必要になる。上司にとっては時間のかかる作業である。

勤務評価をめぐる闘い

個々のコンピテンシーについては人物評価が入るので、上司にとってはかなり苦労する。職員との間の関係が良い場合は問題がないが、そうでない場合には、上司がこの評価システムを使って職員に日頃の鬱憤《うっぷん》を晴らすケースが頻繁に出てくるようになった。

総合評価が期待を下回るとされた場合には、職員はこの評価に反論ができる。そして局に対して訴えると、局側では調査委員会を設置してこの評価を調べさせることになる。調査委員会は三人で構成され、上司、職員、その他の関係者に個人面接し、調査結果を局長に提出する。

システムは論理的にできていても、感情が反映されると問題が拗《こじ》れる。当然ながら上司と職員の関係は悪くなり、職員の成績向上を狙ったシステムが逆の結果を生み出すことにもなってしまった。

私が調査委員会の委員として扱った中で、最悪と思われたケースがあった。二〇代後半の若い一般職員の女性のケースだった。この職員はフランス語圏のアラブの国出身で、フランス語ができることから最初別な課で雇われた。数年してから異動したが、異動先の上司はこわもてで知られ、歯に衣《きぬ》を着せずに職員を批判することがあった。別な男性の一般職員にパワハラで苦情を提出されたこともあった。

この件は男性側が途中で訴えを引っ込めたため、両者の関係は冷えたままであったものの仕事そのものには影響がなかった。このことを知った女性は、最初からこの上司のことを良く思っていなかった。それが衝突する原因ともなっていた。

そのような中でこの上司が女性職員は仕事ができない、言うことを聞かない、英語は間違いだらけ、訪問者からは苦情が出た、としてそれをそのまま評価に出したのである。この女性職員はすぐその評価に反論を出したため、調査委員会の出る幕となったのである。

結果は女性職員の負けであった。というのは、以前上司と関係を悪くした男性職員でさえ、この女性職員の振舞いは問題で、一時期以降はこの女性職員とは距離を置くようにしたと言うのである。若く実直な人は他人の批判を個人への攻撃と取り、激しく反発することがある。これはまさにそのようなケースだった。

この女性職員は期限付き契約だったので、評価が悪いと契約が解除される可能性がある。そこで、今度は上司をパワハラ（パワーハラスメントという権力の横暴）で訴えた。パワハラで訴えられている期間は契約を延長しなければならない。延長されている間に、別な国連機関でやはりフランス語ができるということで雇われた。それで延命を図ったのである。

国連にもあるセクハラとパワハラ

セクシャルハラスメント（セクハラ）は、今では広く知れ渡る用語となったが、国連で内部の問題として出てきたのは一九八〇年代のことだった。セクハラのケースが最初に出てきたのが契機となった。

このセクハラのケースは、ある女性の職員が政治任命で影響力のある上司に彼のオフィスから出てくる時にお尻を触られた、という訴えだった。この上司は南米出身の男性で、南米では男性が女性に対して親近感から体に触ったり、セクシーな言葉をかけたりするのはごく普通のことだった。

一方、この女性は米国人で、体に手を触れられるのを嫌がった。典型的な文化の違いである。しかし、このケースはお尻を触られたということで、単に肩に手をかけられたといったたぐいのものではなかっただけに、大きな問題となったのであった。

当時国連には、そのようなケースを扱う内部のルールはなかったので、この女性は国連本部があるニューヨーク市の裁判所に訴えた。最終的には示談が成立し、女性に対して大金が払われ決着したが、国連を震撼させた事件だった。

それ以降国連でもセクハラに対する職員教育を進めるようになり、ガイドラインも作成された。内部通達で、ハラスメントを次のように定義している。

「ハラスメントは不適切かつ歓迎されない行為で、人に対して憤りを感じさせたり屈辱《くつじょく》感を与えたりすると取られる、あるいは認識される根拠のあるものである。ハラスメントは言葉、ジェスチャー、あるいは行為の形を取り、他の人を嫌がらせたり、驚かせたり、横暴なことをしたり、品位を落としたり、威嚇《いかく》したり、軽視したり、侮辱したり、辱《はずかし》めたりする、あるいは、威嚇的、敵対的、不快な仕事環境にしてしまう。ハラスメントは通常同じ行為を何度も起こすことにより起きる。仕事の評価や他の仕事に関連した意見の違いは通常ハラスメントとは見なされない」

　セクハラについては次のように定義している。

「セクシャルハラスメントは歓迎されない性的な誘惑、性的な行為の代わりに何かを与えるといったリクエスト、性的な意味を持った言葉や行為、ジェスチャー、あるいは不快、屈辱を他の人に与え、仕事に悪影響を与えたり、雇用の条件にしたり、威嚇的、敵対的、不快な仕事環境にしてしまうと取られる、あるいは認識される根拠のある行為である。行為がパターン化する場合が多いが、一度の行為の場合もある。セクシャルハラスメントは異性の場合、あるいは同性の場合にも起きうる。男性も女性も犠牲になりうる」

　パワハラは、上司が部下に対して権力を乱用して部下を苦しめる行為である。国連でも二〇〇〇年代に入って、パワハラに対しても注意を払うようになった。

　セクハラのケースで、国連機関の長を巻き込む事件があった。二〇〇三年十二月に国連難民高等弁務官の元オランダ首相のルード・ルベルスが部下の米国人女性に性的嫌がらせをしたとして、この女性に訴えられた。

時のアナン事務総長は、この件を国連内部監査室に委託し調査させた。この報告の結果が二〇〇五年にイギリスの新聞インデペンデントにリークされて公になったため、ルッバーズはセクハラの訴えを否認したものの、辞任に追い込まれた。

国連の内部報告書では、米国人女性の他にも四人の女性から同じような訴えがあったことが判明した。米国人女性は二〇〇五年に自分のポストを切られ失職したため、これを反撃の行為と捉え米国の裁判所に訴えたが、ルベルスは外交特権があったため、この訴えは却下された。

ハラスメントの処理方法

ハラスメント行為が起きた時にはどうするか。国連は非公式な対処方法と公式な対処方法を勧めている。

非公式な方法は、敵対的でない環境の中で話し合うことができるため、解決するのが容易と考えられている。しかし、上司からの反撃や目に見えない差別を受ける可能性があることから、注意を要する。契約が延長されないとか昇進ができなくなる、遅れる、あるいは仲間はずれにされる、といったことが考えられる。そのため、国連では第三者の支援を受ける次のようなメカニズムの利用も進めている。

（a）オンブズマン制度
（b）職員カウンセラー
（c）人事課職員
（d）職員行動・規律チーム
（e）職員組合
（f）部局の職員組合代表
（g）ジェンダーと女性の地位向上に関する特別顧問室
（h）部局の女性フォーカルポイント
（i）職員相談所や法律支援事務所

(j)上司

非公式の話し合いで解決しない場合、あるいは望ましくない場合は、公式の手続きにしたがって処理することになる。その場合は通常当該局の長に苦情を提出することになるが、苦情の相手が局長の場合には人事局長に提出する。苦情は本人かハラスメントのケースを直《じか》に知っている職員でもよい。そのような苦情は内部監査室に送られ、そこの調査部が調査を行なう。

苦情を提出するほうは、しっかりとした証拠を提示する必要がある。ハラスメントが起きた日、場所、状況、どのような行為だったかや、会話の内容を記録しておく、目撃者がいる場合には証人として出てもらうなどして、準備することが大事である。

苦情処理の手段「オンブズマン制度」

主に雇用問題に関する苦情問題処理の非公式手段の一環として、国連ではオンブズマン制度が二〇〇二年に導入された。オンブズマンは独立、中立の立場から非公式に職員にアドバイスをする。

苦情人に関する情報は秘密にされ、第三者の立場から関係者に問題の解決に向けた指導をする。問題の解決方法を強制するのではなく、あくまでも職員の理解を得ながら活動する。問題解決に関する様々な選択肢を提供したり、手続き方法のアドバイスをしたりする。

オンブズマンは公式な苦情処理機関ではないが、問題の非公式解決に向けて事実の調査をしたり、当事者の間に立って、非公式に問題に関する相互理解を深めたりもする。オンブズマン室には調停機能もある。これは当事者が要請した場合で、あくまでも非公式な調停だ。

オンブズマンに提出した証拠とか文書は、万が一問題が内部の裁判所に持ち込まれた時にも提出する義務はない。すべての話し合いは秘密として処理される。オンブズマン制度は公式な裁判所と比べ、時間、労力、予算、仕事の継続を含めた全ての面で優《まさ》るが、全ての問題が解決するとは限らない。

オンブズマン室には次のような問題が持ち込まれる。

（a）待遇や恩恵（給与や年金、保険など）
（b）上司と部下との関係（個人的相違、尊重しない、職員の扱い方、コミュニケーション、職場環境、仕事の評価など）
（c）同僚との関係（個人的相違、尊重しない、コミュニケーション、チームのあり方など）
（d）仕事とキャリア（空きポストへの応募や選択のプロセス、キャリアの形成、契約、他の機関への異動、退職や離職に関わる問題）
（e）法律、規則、財政や決定事項の順守（ハラスメントや差別、資金の浪費や権限を越えた使用、反撃など）
（f）安全、健康、ストレス、仕事と生活のバランス（仕事状況、ストレス解消、障害者への対応、身の安全や健康など）
（g）サービスと行財政（人事問題や年金、税問題など）
（h）組織のあり方、指導と管理（組織のあり方、やる気、組織環境、変化への対応、指導や管理のやり方など）

（ⅰ）価値、倫理、基準（国連の核となる価値や倫理行動基準など）

二〇一一年の統計になるが、この年オンブズマン室に持ち込まれたケースは二二六七件で、このうち国連事務局職員から一五八八件、ユニセフや国連開発計画（UNDP）といった国連付属機関からは五一五件、難民高等弁務官事務所の職員からは一六四件だった。

通常は職場で問題を解決することが多いが、大きな官僚組織でしかも異文化社会の人達が集まっている国連のような機関では、第三者を通した解決方法もそれなりの役割を果たしている。民間企業やNGO（非政府組織）・NPO（非営利団体）組織でも、このような国連の非公式問題解決方法を活用することも必要であろう。

内部の独立した係争裁判所

国連の内部には、非公式な内部の公式手続きで問題が解決しない場合は、これらの問題を扱う内部の係争裁判所があり、活用することができる。以前は内部でメカニズムを作り、内部の第三者が処理していたが、より高い客観性を持たせるために新たな制度ができた。

係争裁判所は独立性、中立性を保つために、外部の裁判官を雇《やと》っている。通常職員が訴え、国連側がこれに対応する形になる。裁判所に持ち込まれるケースは、国連がなんらかの理由で契約を更新しなかったり、罰則を課したり、お金を支払わなかったりという問題が多い。

この係争裁判所（Dispute Tribunal）は二〇〇七年の国連総会で設立されたもので、二〇〇九年から機能している。係争裁判所の決定に不満の場合には、控訴裁判所（Appeals Tribunal）に提訴することができる。

裁判官は計五名おり、ニューヨークとジュネーブ、ナイロビに各一名のフルタイムの裁判官、二人がパートタイムの裁判官である。任期は設立当初の例外はあるが、基本的には七年で再選はない。控訴裁判所には七人の裁判官がおりニューヨークに拠点を置くが、ニューヨーク、ジュネーブ、ナイロビのどこで裁判を行なってもよい。アピールのケースの場所次第である。

係争裁判所には最初の年には約一〇〇件の訴訟が持ち込まれたが、二〇一〇年からは毎年二〇〇件前後の訴訟が持ち込まれている。控訴裁判所には係争裁判所の決定に不満を持ち控訴するケースが約半分持ち込まれる。訴訟の例をいくつか挙げてみる。

1. マクワカ対国連事務総長

この件は、職員マクワカが国連から支給されているコンピューターを使ってポルノのイメージを受け取り、他の人に転送していたという事実が発覚し、国連のITリソースを個人目的に使用していたということで、内部の調査の結果黒と断定されたものである。

書面での懲戒処分や一段階降格、昇進の三年留保という決定がなされたが、それに対しマクワカが異議を唱え、係争裁判所に訴えたものである。昇進の三年留保はこれ以前に撤回されているため、書面の懲戒処分と降格が争点となった。

マクワカはポルノの受け取りや転送は認めたものの、コンピューターにそのイメージを記録してはおらず、削除しなかっただけであるとして、国連事務局の管理局長に処分の権限はない、処分の中に降格は書かれていないため処分は過度なものである、国連の調査プロセスに時間がかかり過ぎ自分の法的権利が侵された、などの主張を行なった。

これに対し、係争裁判所は事務局側の主張を認め、マクワカがＩＴリソースを私用に使ったことは職員ルール違反である、管理局長は事務総長の名の下に権限を行使したため合法、処分は適当、調査プロセスは事務総長の判断で決められる、として訴えを却下した。このケースは控訴されていない。

2．ピルネア対国連事務総長

この件は、ソマリアの国連活動の警備員として期限付き契約で雇われていたピルネアが、ホテルの女性清掃員に対し性的暴行を加えたと訴えられ、身の危険があることからナイロビに移され、その後、期限付き契約を更新されずに解雇された。それに対してピルネアが係争裁判所に訴えたものである。

ピルネアは国連の決定は人種差別的なもので、契約が更新されない理由の説明を受けずに解雇されたのは彼の法的権利を侵すものだ、さらに、ナイロビ滞在中の日当も支払われるべきだ、とした。これに対し事務局側は、ピルネアの身の安全からソマリアに戻ることはできず、ナイロビへの移動も転勤ではないため、日当は二重の給料になるとしてこれに抗弁した。

係争裁判所はピルネアの訴えを認め、契約を更新しない理由は見つからない、事務局側に先入観があった、ナイロビでの日当は支払われるべきだ、などとして、二年分の給料の支払いを命じた。

この判決に対し、事務局側は控訴裁判所に控訴した。控訴裁判所は、係争裁判所の判決を覆《くつがえ》し、契約を更新しなかった理由は最早ソマリアに戻って職務を遂行することができないことによるものだ、更新しない理由は別な形で本人に伝えてある、日当は本人が要求しなかった、二年分の給料支払いの根拠がない、などの理由を挙げた。

後に、ピルネアは名前が公表されたことにより損害を受けたとして控訴裁判所に匿名を要請したが、裁判所は通常名前は公表され、匿名にする新たな根拠はない、としてこれを却下した。

3．ワッサーストロム対国連事務総長

この件は、コソボの国連派遣団で公営企業監視室長をしていたワッサーストロムが、内

部告発をしたことから仕返しを受け、期限付き契約を切られて、彼のオフィスが閉鎖されたとして訴えたものである。

ワッサーストロムは、当初国連派遣団の行為が仕返しであるとして国連の倫理室に訴えた。倫理室は仕返しを裏付ける根拠があるとして、国連の内部監査室の調査を依頼した。しかし、内部監査室の調査結果は、国連派遣団の行為は一部過度と見られるところがあったものの、仕返しとは断定されないというものだった。

ワッサーストロムはこの調査結果に異論を提示し、係争裁判所に提訴した。係争裁判所は、ワッサーストロムの主張を一部認め、事務所の閉鎖と契約の非更新そのものについては仕返しではないとしつつも、倫理室が内部監査室報告書の問題点を十分調査しなかったがためにワッサーストロムの権利を侵し、救済を求める機会を与えず、深い苦痛と屈辱を与えたとした。そしてその補塡《ほてん》として五万ドルの賠償を命じた。

これに対し、事務局側は控訴裁判所に控訴し、係争裁判所の判決は間違っていると主張した。倫理室の判断は国連のコソボ派遣団の決定とは直接の関係はないとして、公営企業監査室を閉鎖する決定はワッサーストロムの苦情前になされていたとした。控訴裁判所は、倫理室の判断を根拠に仕返しがあったとのワッサーストロムの主張を退《しりぞ》けた。

期限付きの契約の非更新や処罰は、職員にとっては深刻なキャリアの問題であり、納得がいかない場合や不合理と感じられた場合には、法的機関の審査と判断が有効になる。法的に争われる場合判決は公表される。

勝ったり、負けたり、判決が覆ったりするが、透明性と客観性を確保することにより、職員の苦情を比較的早く処理する内部の苦情処理の方法である。

第5章

国連に採用されるために必要なもの

——グローバル人材の条件

グローバル人材を求める背景

「グローバル人材」とか「グローバル人材養成」とかいった表現が、日本で使われるようになったのは比較的最近のことだ。他の国ではあまり聞かれない言葉だ。

このグローバル人材という表現は、主に企業の国際化に伴う人材確保の必要性から出てきたもののようで、例えば、経済産業省は「我が国企業のアジア等を中心とした海外への事業展開の加速に伴い、グローバル人材の育成・確保の重要性が高まっています」として紹介している。

日本の国際的な企業活動は今に始まったわけではなく、すでに高度成長時代の一九六〇年代から日本の企業は、特に商社などを通じて海外に進出していた。

ところが、世界の経済構造が変化し、輸送や情報コミュニケーション技術の革新的な進歩によって世界とのリンクが急速に緊密化する時代となって、以前の商社に頼ってきた構造ではなく、企業自体が自己資本や人材を投入して、国際的な企業行動を取るところが多くなってきた。

さらに、日本経済の低迷が長期化する反面、新興諸国の経済発展に伴う海外市場の活発化が注目を集めるようになった。日本の企業もそうした市場へ参画することが生き残りの戦略となってきた。そのような中で、日本とのリンクを保ちながら海外で活動できる人材や、国内にいても地球規模で戦略的思考ができる人材が必要となってきたのである。

しかし、よく見ると、そのような国際舞台で能力を十分に発揮できる人材というのは、そうは多くはない。語学力だけでなく、専門分野の知識や異文化社会で生きていける適応性が必要だ。日本の社会自体が国際社会とはかけ離れた社会であり、日本の企業も日本社会の縛りから抜け出てはいないことの証左だ。

また、若者の内向き傾向が指摘され始めた。そのために、社会を挙げて教育のあり方の再検討を含め「グローバル人材」を養成する必要が出てきた。文部科学省はグローバル人材養成のためのプログラムを設立した。

その「グローバル人材育成推進事業」は、若い世代の「内向き志向」を克服し、グローバルな舞台に積極的に挑戦し活躍できる人材の育成を図るべく、大学教育のグローバル化を推進する事業に対して支援することを目的とする、とその狙いを説明している。

グローバルに仕事ができる人間を求めているのは企業だけではない。国際機関や政府機関、ＮＧＯ、ＮＰＯなど、多くの機関もそのような人材を必要としている。

必要があるところには、これを満たそうとする作用が働く。大学などの高等教育機関もそうである。海外の大学でもグローバルに仕事ができる人材の育成には思考を重ねて努力している。

例えば、ヨーロッパの大学の中にはインターンシップをカリキュラムの中に入れ、それを経験しないと学位が取れないところもある。インターンシップの経験は、就職の際の履歴書に書ける職歴の一つとなる。米国の大学の中にも、特に専門分野の修士レベルの大学院の場合には、職歴がある応募者を優先的に取るところも多くなってきている。

日本の企業の場合には、まだ修士レベルへの評価が低い。修士号を取るくらいの学生は優秀な人が多く、専門分野の基礎がしっかりしている。それは単に専門分野の知識があるということだけではない。体系立って物事を考える能力とか、それを表現する力とか、実践と理論をうまくつなげる思考とか、そのような基礎的な力があるということだ。

海外で勉学の経験がある人はさらにより広い視点から物事を見ることもできるし、異文化社会で生きる力や異文化の人達とうまく接していく能力も備えている。そのような人は将来伸びていく可能性が高いので、その潜在性と将来性を理解し、うまく活用できるように企業自体も変わっていかなければならない。国も社会も企業も人で成っている。その人を大事にするかどうかで将来が変わってくる。

グローバルに活躍できる人にとっての要件は「国際キャリア形成」のところでも紹介したが、次のようなものがある。

（a）語学力
（b）専門知識
（c）多様な文化の中で生きていける能力
（d）人間力と戦略性
（e）ネットワーキング
（f）協調性と自己視点の確立

若い人にとっては、まず語学力と専門知識、そして論理的に考え、組み立て、表現していく能力を会得することが大事だ。物事をただそのまま受け取るのではなく、絶えず検証していく「クリティカル思考」の態度、異文化への接触と対応、協調しながらも自己視点を徐々に確立していくことが大切である。

人間力は、失敗した時こそ自己点検を行ない、成長していくことによって養われるものである。ビジネスなどでも同様だ。成功した人の多くは、若い頃たくさんの失敗を重ね、試行錯誤の結果チャンスをものにしている。失敗しても、そこでくじけてはいけない。また、戦略性も自己勝手なものではなく、全体の動きや可能なものを見極めてから長期的な視野で立てていく必要がある。

グローバル人材として成功している人達は、このような諸要素を持っており、その人達からいろいろ学び、自分の成長に役立てることも有用だろう。

日本人国連職員の数は少ないか

グローバル人材の典型が国連職員であろう。国連には、世界のほとんどの国から職員が集まっている。

世界の平和と安全保障の維持、経済社会の発展と開発、人権の保護と促進、法治社会の進展、国家間の協調などを目的として設立された国際機関で、これらの目的達成のために働くこと自体が一種の理想主義を追うことにもなる。また、異文化社会の人達と一緒に仕事をする醍醐味《だいごみ》もある。そのような社会でうまく働いていくためには、個人としての能力の他にいろいろな要素が必要なことはすでに説明した。

国際機関には日本人職員が少ないと言われているが、実は極端に少ないというわけではない。国連にはポストの「地理的配分」の原則があるが、これは加盟国の予算分担率に応じて相応の職員が採用されるべしとの考えに基づいたもので、国連という政治的機関が特定の国の言いなりになるのを内部から防ぐ目的があった。政治的に中立な国際公務員が必要なためである、このことは国連憲章にも規定されている。

ただし、国連には多種多様な職が必要なため、全てのポストが「地理的配分」に則《のっと》ったものではない。現在約三〇〇〇のポストがこの原則に使われている。その中で「望ましい範囲」を提示して、その範囲に満たない加盟国を対象に競争試験を実施している。

国連の全職員が二〇一四年現在で約四万三〇〇〇人、そのうち専門職員が約一万人である。その専門職員の中の三〇〇〇人が地理的配分の対象となるので、わずか一五パーセント程度である。専門職員の中には国連の六つの公用語の通訳や翻訳家、グラフィックデザイナーやウェブデザイナー、フォトグラファー、プレスオフィサーといった特殊な職業も多い。そのような職業は地理的配分の対象にはならない。

日本の場合は、地理的配分下の望ましい職員数は一八一〜二四五人で、中位点は二一三人である。二〇一三年六月現在で日本人職員の数は八八人であるため、四一パーセントしか満たしていないことになる。

もっとも、長年地理的配分下のポストは採用時に地理的配分ポストに就いたかどうかで計算しており、異動した場合でも数えられていたが、二〇一二年にその数え方を変えた。地理的配分以外のポストに異動した時には数えなくなったのである。

そのため、二〇一二年には一度は六〇人にまで下がったことがあるが、異動などもあり翌年八八人まで回復した。数え方が変わる前は、日本の場合は一一〇〜一二〇人くらいが地理的配分下にあった。日本の国連分担金が二〇〇〇年の二〇パーセントをピークに徐々に下降し始め、二〇一四年には一〇・八三パーセントまで下がり、日本の地理的配分のポストも減少した。

国連には専門職員の他に、現地採用の一般職員が多くいる。現地採用ではあるが、その地で一般企業と比較しても見劣りしない能力の職員を採用するため、給与面でもそれなりの待遇が与えられている。国連職員の六割が一般職員である。

外務省の統計によると、国連事務局の場合、専門職以上の日本人職員の数が、二〇〇一年には一〇九人だったが、二〇一四年現在一五七人に増えている。国連機関全体でみると総数七七〇人である。そのうち、女性の割合が約四割から約六割に増えている。総数七七〇人のうちの一割、七七人が管理職（部長以上）に就いている。

歴史的にみると、一九七八年には国連機関全体で日本人の数は二七一人だったが、一九八四年には四一一人に、一九九四年には四六〇人、二〇〇四年には六一〇、そして二〇一四年現在で七七〇人である。二〇〇一年から二〇一一年まで徐々に増えてきたが、それ以降は、ほぼ横ばいの状況である。世代交代で上のレベルの人達が定年退職していく中で、若い人達が思ったほど入ってきていないのが主な原因だろう。

日本の場合、女性の割合が増えているのは、日本の雇用形態や女性の地位、待遇などの面で、いまだ女性が男性と同等の扱いを受けていないのが大きな理由だろう。仕事の内容や昇進で差別があったりすることや、結婚をしたり子供が生まれたりすると会社を離れざるを得ないなどの事情があり、日本の会社を離れ、外国の大学院で学位を取って国際機関に入ってくる人が多いのである。

国連の採用試験

国連事務局が競争試験を導入したのは一九七〇年代半ばであるが、本格化したのは一九八〇年代に入ってからのことだ。それまでは書類審査が主で、政治的に入ってくる人が多かった。

冷戦時代の東西の政治的緊張や、同じ土俵で共通の試験はできないなどの理由があったが、国連職員の質に大きな差が出ていたことから若い人を対象に、しかも地理的配分の比率に満たない国々を対象に競争試験を行なうようになった。

この競争試験はナショナル競争雇用試験（ＮＣＲＥ）と呼ばれ、二〇一〇年までこの方式が使われた。二〇一一年からはヤング・プロフェッショナル・プログラム（ＹＰＰ）と呼ばれ、筆記試験そのものは変わっていないが、採点の仕方や口頭試験の方法、合格者の数が変わった。

国連の公用語には六カ国語あるが、事務局の作業言語（working language）は英語とフランス語のため、ＮＣＲＥの競争試験はその二つの言語で行なわれており、大多数は英語で受験していた。ＹＰＰの試験制度ではどの公用語で受験してもよいことになった。英語とフランス語だけでは、それらを母国語としない人に不利になるからである。もっとも、国連の公用語を母国語としない日本などから受験する人にとっては依然《いぜん》不利のままだが。

競争試験には一般部門の試験と専門分野の試験がある。一般部門は一時二つに分かれていた。要約をする部分と一般教養に関する試験である。その後、要約部分が残った。

要約では、長い文章を自分の言葉で三分の一の長さにまとめる。これは「プレシ・ライティング（precis-writing）」という手法で、鍵は「自分の言葉で書く」ことである。この方法は国連の会議の要約を書く人達によって使われているもので、以下のような説明がなされている。

「要約を書く人は、スピーカーの要点のいかなる部分も犠牲にすることなく、そして議論を歪曲《わいきょく》することなく、スピーチを短縮しなければならない。これには議論されている問題に関しての十分な知識と政治的感覚、優れた判断能力が必要である。こうした能力により記録に何を残し何を反映させるか決めることができる。」（注：http://www.unlanguage.org/Careers/Translators/Precis/default.aspx）

このような要約は会議の模様をプレスリリースとして出すプレス・オフィサーによっても専門的に行なわれているが、表に出てこない要約には、例えば、事務総長などのノートテーカー（記録係）として事務総長の要人との会見記録を準備する時とか、数多くある国連の内部の会議の記録をまとめる時など、多々ある。

事務総長名で安保理や総会、その他の主要機関に出す報告書を書くのは事務局職員である。したがって、書く力は国連内では強く要求される。その書く力をこの要約方式で試すのである。

専門分野の試験には論文（エッセー）部分と質問部分がある。国連の競争試験のホームページにサンプルが載っているので、二〇一二年に行なわれたＹＰＰの政務部門の試験を見てみる。（注：https://careers.un.org/lbw/home.aspx?viewtype=NCES）

【論文】

A：国連は武力紛争の予防にどのように貢献しているか、またどのような課題に直面しているか、具体例を挙げながら答えよ

B：国連は民主主義を促進するべきか

C：暴力的紛争に対処する上で「平和」と「正義」の目的の関係を議論せよ

それぞれの問いに対し、四〇分の時間で答えることが目安として提示されている。各一三〇点、論文の合計で三九〇点である。

【質問】

1．安保理改革に向けた主な議論は何か

2．平和維持活動（PKO）が成功するための要件は何か

3．不安定を引き起こす原動力は何か、また、これに対処するための国連の役割は何

か、次のいずれかの国を挙げて論ぜよ

a．シリア　b．アフガニスタン　c．アイボリー・コースト（コートジボワール）

d．ソマリア、e．ミャンマー

4．次のうち一つを選び、課題のいくつかを論ぜよ

a．小火器や小型兵器の拡散を防ぐ　b．核軍縮と核不拡散

5．グローバルな金融危機が平和と安全保障にもたらす影響について、二つのあり方を述べよ

6．女性の政治参画を促進する二つの方法について論ぜよ

7．国際関係のどのような状況下で武力の行使は正当とみられるか

試験に受かるために何が必要か

各質問には一〇分の時間が提示され、採点はそれぞれ三〇点である。小計二一〇点で、論文と合わせると合計六〇〇点満点である。論文六五パーセント、質問三五パーセントの配当だ。時間配分は論文が計一二五分、質問が計七〇分で、論文六四パーセント、質問三

六パーセントだ。したがって、まず論文にしっかり焦点を当てることが大事になる。

国連の政務関係の部署は政治局、ＰＫＯ局、軍縮室だ。それぞれのホームページを見ると扱っている分野が掲載されている。

武力紛争の予防については、政治局のホームページにピースメーキング・紛争予防というセクションがあり、国連のこの分野での役割が簡略に説明されている。国連の大きなテーマであり、政務の仕事を目指す人にとっては、当然勉強し理解しなければならない問題である。

民主主義については、国連のホームページの「グローバル・イシューズ」というところに、国連による民主主義の促進に関する説明がある。民主主義促進の基盤となる国際法の原点や、民主主義の運用については多くの形態があること、市民社会の役割、国連民主主義基金（ＵＮＤＥＦ）や他の国連機関の役割と活動などが書かれている。

「平和」と「正義」を追求する目的の関係は複雑な問題であるが、「正義」は戦争犯罪や人道的犯罪を紛争後どう処罰するか、あるいは処理して和解や平和を達成するかということであり、そのためには国際刑事法廷や裁判所の役割、紛争地域での正義を達成するための伝統的方式、和平交渉と戦争犯罪追及などかなり広範囲な問題である。

例えば、旧ユーゴスラビアやルワンダの国際法廷の活動やルワンダや南アフリカなどでの和解委員会の活動、スーダンでの国際刑事裁判所の活動と和平交渉との関係、イスラエルとハマスのガザ戦争などの動きを見ていくと、「平和と正義」を巡る難しい関係が浮かび上がってくる。

おそらくこの問題が一番難しいと思われるため、他の二問より五分多い時間が割り当てられている。しかし、得点は他の二問と同じため、この問題に詳しい場合を除いては、まず他の二問を答えてからこの問題に取り掛かるのが賢明だ。

質問のほうだが、安保理改革の議論についていては、例えばアナン事務総長が二〇〇五年に報告した"In Larger Freedom"といった文書の中での提案とか、総会の作業部会で議論されている改革案についての記者会見や議長の報告書、専門家の分析などを総合して見なければならない。

各国の改革への各種提案はほとんど変わっていないので、基本的な主張や対立点を理解していれば主な議論は提示できる。本書でも安保理改革の議論はある程度まとめている。

国連の平和維持活動（ＰＫＯ）については、ＰＫＯのホームページにＰＫＯ局がまとめた「キャップストーン・ドクトリン」や「ニュー・ホライゾン」などの報告書を読むと、問題点、改善すべき点、成功のための要因などを理解できる。

成功の要因には、紛争当事国の全面的な協力や和平達成のためのコミットメント、安保理の持続的政治的サポート、利害を持った周辺国の協力、兵員提供国の人的、物質的サポート、迅速《じんそく》な展開などいくつもの要因が考えられる。

不安定要因や国連の対処問題は五カ国のうち一カ国を選べばよいが、五カ国とも国連がこれまでいろいろな形で関与してきたので、国連と紛争解決の歴史を勉強すれば解答できるものである。不安定要因には政治的対立、民族・氏族間の対立、宗教的対立、経済的対立、テロ組織の関与等いくつもあるが、それぞれの国の抱えている問題に焦点を当てればよい。

小火器や小型兵器の拡散、核軍縮と核拡散問題は、軍縮室が扱っている問題であり、そのホームページをよく読むと課題も見えてくる。小火器や小型兵器は「貧しい人の核兵器」とも言われ、大量の人が小火器や小型兵器を使った戦争や内戦で死傷している。

国連は、違法の小火器や小型兵器の商取引禁止条約を制定しているが、銃の規制に猛反対の米国のナショナル・ライフル協会（NRA）などのために、必ずしも効果を発揮しているとは言えない。通常兵器を使用した紛争や戦争が絶えないことも、小火器や小型兵器の拡散が止まらない理由にもなっている。

核軍縮の課題には、特に米露の政治的緊張が再度高まってきていることがある。核拡散問題は、北朝鮮の核開発やイランの核開発疑惑にも見られるように、自国の究極的安全保障を求めようとする内部の政治的圧力や、近隣諸国や地域の核の存在あるいは秘密裏の核開発への動きに対抗するといった動きも作用している。

グローバルな金融危機が平和と安全保障に与える影響は、二〇〇八年に起きたリーマンショックを反映しているのかもしれない。試験問題は、比較的最近の事情や出来事を念頭に置いて出されることがある。金融危機は景気を後退させ、失業が増大し、社会不安を巻き起こす。そしてその影響がグローバルに広がっていく。当然、世界各地の政治や平和・安全保障にも大きな影響を与える。

二つのあり方の問いなので、これを対内的、対外的と分けて考えることもできる。失業が増えるとマイノリティーの排斥運動や若者の過激化が起こり、テロの温床《おんしょう》になる場合もある。過去には社会不満をベースに政権を握り、独裁化して対外戦争に走った国もあった。また、紛争解決に貢献している大国の外交が内向きになったり、紛争解決のためのリソースが減少したりして、平和と安全保障の維持活動に影響を与える場合もある。

女性の政治参画は、二〇〇〇年に採択された安保理決議一三二五号で支持された経緯があり、安保理が定期的にこの問題を取り上げている。憲法で女性の政治参加が保障されている場合もあり、議会の議席があらかじめ女性にリザーブされているところもある。そうでない状況では、女性参加を政治指導者や市民社会が強く求めることが必要になってくる。

武力行使の正当性は、国連憲章を勉強すると、どのような状況下であれば武力の行使が許されるか明示してある。

このように政務官用の試験問題を見ると、国連の扱っている政治問題を常に追い、国連がホームページなどで提供している様々な情報を丹念に勉強し、紛争解決に向けた国連の関与を理解しておくと、大体の質問には答えられるのである。

その意味では、大学院レベルで国際政治や国際関係論を勉強しておくと、良い試験勉強になる。さらに、国連のジュニア・プロフェッショナル・オフィサー（ＪＰＯ）やインターンシップなどで、実際に国連内部で働いてみると動きがよく分かる。

国連の競争試験には毎年八〇人から一〇〇人程度の人が合格する。三二歳までと年齢制限があるが、突破できないわけではないのである。

若者たちに門戸を開くＪＰＯ制度の活用

国連事務局の場合は三二歳までを対象に競争試験があるが、国連開発計画（ＵＮＤＰ）やユニセフなどの国連付属機関や世界保健機関（ＷＨＯ）、ユネスコなどの専門機関には独自の職員採用制度がある。これらの機関では、若い職員の多くをジュニア・プロフェッショナル・オフィサー（ＪＰＯ）から採用している。

国連も最近ＪＰＯを活用するようになり、ＪＰＯから直接正規職員になれるわけではないものの、この経験を生かして競争試験に臨んだり、短期の空席に応募したりして残る人も出てきている。

ＪＰＯ制度は、派遣国が給料を含めた費用を出すことにより、国連機関に一定期間送り込む制度である。派遣期間は通常二年。場合によっては三年目に延長になることもある。国連機関にとっては無償の提供でもあり、また、将来の職員を養成する場でもあるため、重宝している。

日本政府はこの制度を採り入れ、一九七四年から実施している。派遣先は外務省が派遣取り決めを結んでいる国際機関で、主な派遣先には、国連事務局、国連開発計画（ＵＮＤＰ）、国連人口基金（ＵＮＦＰＡ）、国連難民高等弁務官事務所（ＵＮＨＣＲ）、国連児童基金（ＵＮＩＣＥＦ）、世界食糧計画（ＷＦＰ）、国連食糧農業機関（ＦＡＯ）、国際労働機関（ＩＬＯ）、国連教育科学文化機関（ＵＮＥＳＣＯ）、世界保健機関（ＷＨＯ）、国際移住機関（ＩＯＭ）、経済協力開発機構（ＯＥＣＤ）などがある。世界銀行などの国際金融機関は派遣対象外となっている。

専門分野は多岐にわたり、政治から開発、人権、人道、教育、保健、平和構築、評価、環境、工学、理学、農学、薬学、建築、防災などに加え、人事、財務、会計、監査、総務、調達、広報、渉外、ＩＴ、統計、法務等ほとんどの分野をカバーしている。日本政府の場合、三五歳までを対象としている。

外務省の統計では、一九七四年から四〇年間で約一四〇〇人のＪＰＯを派遣し、国連関係機関の日本人職員（専門職以上）は二〇一四年時点で、七七〇人中三三八人がＪＰＯ経験者である。これは全体の約四四パーセントに当たり、かなりの高率である。

日本人職員に占めるＪＰＯの割合では、二〇一三年時点で、国連難民高等弁務官事務所が一番高く八八パーセント、次にユニセフが六八パーセント、世界食糧機関が六七パーセント、国連開発計画が六二パーセント。全体でみると、五〇～七〇パーセントが正規採用されているとのことである。

国連では、三二歳までを対象とした競争試験があるためＪＰＯは採用していなかったが、比較的最近になって採用するようになった。これは国連事務局予算が縮小傾向にあり、一部で人手が足りなくなったことにも一因がある。国連は以前、夏のインターンシップ制度を運営していたが、これも通年を通じてインターンを採れるようになり、人員補給に役立っている。

日本政府も以前は、直接雇用に結びつかない国連事務局へのＪＰＯ派遣は考えていなかったが、最近では派遣対象に加えている。国連事務局での日本人職員の数がなかなか増えないことへの対策の一つだが、ＪＰＯは他の国際機関とは違ってそこから直接採用はないにしても、国連事務局内部で二年ないし三年働くことには大きな利点がある。

実際内部で仕事をしてみると、仕事の内容に加えて、局全体、そして国連全体の動きが理解できることである。また、国際問題への理解も増進し、これらの国際問題に対応する国連の役割や機能も見えてくる。

そうした理解の増進は、ＪＰＯとして働きながら競争試験を受ける時に有効な準備となる。国連職員組合も過去に競争試験に受かった職員を動員して、これから試験を受ける一般職員を支援しており、そのようなサポートが得られると良い試験準備ができる。

また、仕事を通じてできる人的ネットワークは試験に通り、ポストを得る際に有利に作用することが考えられる。さらに、試験だけではなく、例えば短期的な仕事が公募された場合、担当部や課の人達をＪＰＯの仕事などを通じて知っていると有利になる場合もある。

万が一、仕事につながらなくても、国連内部での職務経験は将来国連のポストに応募する時に重要視されるし、国連外でも次の仕事を探す時に有利に作用する。その意味では、より多くの予算措置を取って、年三〇人程度に減ったＪＰＯの数をもっと増やしてもよいであろう。それは将来への人的投資、グローバル人材育成の一環と考える必要がある。

ＪＰＯの応募資格は、三五歳以下で、大学院で修士号を取得したか、当年の九月までに取得する見込みのあることが必要である。さらに、当該分野で職歴二年が要求されている。これにはアルバイトやインターンの経験は含まれない。米国ではインターンは職歴とみなされるが、その点日本のほうが基準が若干厳しい。

国連でＪＰＯを採用する場合も、通常二年の当該分野での職歴が求められていることもあり、その条件に合った職歴要求である。語学は英語で職務が遂行できることが前提であり、将来国連機関で働く意思があり、日本国籍を有することを条件としている。フランス語など英語以外の言語に堪能な場合には考慮するとしている。

第6章

日本の抱える問題と国連

国連と日本の接点

国連と日本の接点は多くある。一九五六年十二月十八日に国連加盟を果たしてから間もなく、日本は安保理非常任理事国選挙に出て当選し、一九五八～五九年に安保理の理事国となり、それ以降、安保理には非常任理事国としてブラジルと並び計一〇回選出されている。二〇一六～一七年にも再度、安保理入りすることが予想されている。

経済社会理事会や他の国連の理事会や諸機関では、ほぼ恒常《こうじょう》的に議席を確保し、広範囲な国連の諸活動に参画している。

唯一の被爆国として、日本の軍縮外交は特に積極的であったといえるし、国連は総会の第一委員会（軍縮と安全保障問題）や軍縮委員会、日本での国連軍縮会議などを通じて、日本の軍縮外交を進める場を提供してきたといえる。

特に第一委員会では、日本が提出した核不拡散条約（ＮＰＴ）体制の強化を目指し、北朝鮮の核実験を非難する決議が、一〇〇カ国を超える共同提案国の支持を得て採択されるなど、日本の核軍縮へのアプローチをアピールする良い機会となっている。

一九七八年から三回開催された軍縮特別総会では、日本は主導的役割を果たした。さらに、二〇一〇年にはオーストラリアと共同で「軍縮・不拡散イニシアチブ（ＮＰＤＩ）」を設立している。

日本は日米安保体制を基軸として米国の「核の傘」で守られながら、核軍縮を推進するという一見、二律背反的な政策を採っている。だが、核保有国に囲まれ、核の脅威が拡大している地域に位置する地政学的現実を無視することはできない。同時に、核不拡散体制を維持する努力と、核軍縮に向けた努力をすることは、長期的には日本の国益にかなうものであるといえる。

日本はソフトパワーとして人間開発や人間の安全保障、さらに、紛争後の平和構築に大きな役割を果たす技術と能力を有している。二〇〇五年に国連で設立された平和構築委員会では、日本はそのメンバーとして積極的な役割を果たし、平和構築センターを設立するなどして、平和構築の人材教育に当たっている。

平和構築は戦後復興、再建といった幅広い分野で、文民の専門家が活躍できる分野であるため、日本にとっても国際貢献を深める良い機会となっている。国連の平和構築委員会は、これまでブルンジ、シエラレオネ、ギニアビサウ、中央アフリカ、リベリア、ギニアで平和構築活動を指導してきたが、中央アフリカは再度内戦に突入し、西アフリカのシエラレオネ、リベリア、ギニアではエボラ出血熱の拡大で大きな後退を余儀《よぎ》なくされている。

内戦で破壊されたインフラや政府の統治能力を回復させ、人間の安全保障を確保するのは容易なことではない。長い目で、このような活動を地道にサポートしていくことが大切になる。

日本が加盟当初、国連に求めたものは、第二次世界大戦で失われた国際的地位の回復であった。国連加盟後は「国連中心外交」というよりは、日米安保体制とアジア外交を中心に日本外交が進展し、国連を中心としたマルチ外交は、軍縮の推進や経済社会開発への貢献など、日本の国益に沿った分野での活動が主だった。

世界第二の経済大国として、日本の安保理常任理事国入りへの願望は徐々に表われてきたが、これが本格化するのは、冷戦後安保理を中心として集団安全保障体制が機能し始めてきた一九九〇年代前半である。

「代表権なくして課税なし」との米国独立の時のスローガンを引用して、安保理常任理事国入りを目指したが、他の多くの国が同様の地位を獲得すべく競合した結果、安保理改革は足踏みの状態である。

国連と日本の接点は安保理改革だけではない。二〇一四年三月の国際司法裁判所での日本の捕鯨《ほげい》に関する判決は、国連主要機関の判断が日本の伝統的活動を見直す機会となった。

こうしたことからも明らかなように、国連と日本は様々な活動分野で良い意味でも悪い意味でも多くの接点がある。また、国連の活動や判断が日本にとっても独自の判断の材料となることもある。その意味で、日本としても国連を多角的にみる必要がある。

捕鯨問題に関する国際司法裁判所の判決

国際問題としての捕鯨論争にはいくつかの側面がある。乱獲から生じる資源保護としての側面、海洋生態系保護の側面、人道性の側面等である。捕鯨は歴史的には沿岸で行なわれ、蛋白《たんぱく》源としての鯨肉や灯油用などに使われていたが、徐々に遠洋漁業へと発展していった。

しかし、石油資源が燃料として使われ始めると採算が合わなくなり、捕鯨を止めざるを得ない国が多くなった。と同時に、鯨の減少への懸念から資源保護の動きが強くなり、一九四六年に国際捕鯨取引条約が締結され、一九四八年には国際捕鯨委員会が設立された。

伝統的捕鯨国である日本やノルウェー、アイスランドなどは、商業目的の捕鯨規制に抵抗したが、一九八二年には国際捕鯨委員会で一九八五／八六年シーズンからの商業捕鯨禁止が採択された。

アラスカやグリーンランド、ロシアのチュクチ、セントヴィンセント・グレナディンなどの原住民に対しては、伝統的な生活・文化を破壊しないために商業捕鯨の例外規定を設けているが（原住民生存捕鯨）、捕獲量には制限が設けられている。一九七〇年中頃から捕鯨資源管理の動きが強くなり、国際捕鯨委員会の主な活動の一つとなっている。

このような動きの中で、日本は捕鯨条約第八条で認められている「調査捕鯨」を一九八七年に開始した。二〇〇四年から二〇〇七年の南極海でのミンククジラの漁獲量は年間三〇〇〜四四〇頭だったが、二〇〇五年から二〇一三年までの三種類の鯨の年間漁獲量は約一〇〇〇頭であった。

これに関しては、環境や野生動物保護団体から反対の声が上がり、シーシェパードのように実力でこれを防ごうとする団体まで出てきた。捌《さば》かれた鯨は鯨肉として売られているため、これは商業捕鯨に当たるとする議論だった。

高まる「調査捕鯨」批判の中、オーストラリアは二〇一〇年五月に日本の捕鯨を商業捕鯨だとして、国際司法裁判所に提訴した。

日本は二〇〇七年七月に国際司法裁判所の「義務的管轄権」を認めていた。義務的管轄権とは、この権利を受け入れている国が同じようにこの権利を受け入れている国に対して訴訟を起こした時には、自動的にそれを受けなければならないというものである。すでにそのような管轄権を二〇〇二年に認めていたオーストラリアが提訴したため、日本としてはこれを受けざるを得なかった。

オーストラリアでは、捕鯨反対の立場を取る労働党が二〇〇七年に政権の座に就き、日本との外交交渉を試みたが成功しなかったことが国際司法裁判所への提訴につながった。ニュージーランドも、オーストラリアに同調してこれをサポートすることになった。

四年にわたる両国の主張や審議の結果、国際司法裁判所は二〇一四年五月、多数決ではあったがオーストラリアの主張を受け入れ、日本の南極海での捕鯨計画（ＪＡＲＰＡⅡ）は商業捕鯨であるとの判決を下し、日本政府に対し、そのような商業捕鯨の許可を取りやめるか、許可しないよう言い渡した。

調査捕鯨において、単に鯨を捕獲し調査するのではなく、食肉用に売却していることはすでに広く知られており、一〇〇〇頭に上る鯨の致死的処理については国際的理解を得られなかったのが大きな原因だった。日本政府はこれに対し、国際司法裁判所の判決は尊重するとの立場を表明した。しかし、北太平洋やさらに南極海でも小さな規模で捕鯨再開の計画を立てている。

捕鯨問題は、日本では捕鯨産業の保護に加え、日本の食文化の維持との観点から捉えられている。戦後は食糧難の時代で、特に鯨肉は学校の給食にもよく出てきたように、大切な蛋白《たんぱく》源だった。しかし、魚や肉などの他の蛋白源が豊富な現在では、鯨肉の存在価値は減少している。

また、日本の「調査捕鯨」の説明が説得力不足だったことも否めない。国際司法裁判所の判決でも、調査の結果捕鯨量を定めるのではなく、あらかじめ一定の量を捕鯨する方法が批判されたし、捕殺しない調査方法にも十分な検討がなされていないとして日本の主張を認めない判決が下された。

捕鯨問題は、本音と建て前を使い分ける日本的考えが、国際的審判により否定されたものとも言える。

条約でも認められている「調査捕鯨」の方法をより明確にし、捕殺によって得られた「科学的調査」結果について説得力のある情報を開示し、日本の捕鯨産業の保護や食文化についても国際的に理解の得られる議論をしていかなければ、捕鯨問題が今後とも国際的な争点になり、日本の国際的信頼を損《そこ》なう状況が続く可能性がある。

領土問題へのアプローチ

国際司法裁判所は、国と国との係争を扱う国連の主要機関の一つとして設立された。多くの係争を扱ってきているが、その中でも領土問題は大きな係争の一つである。

これまで二〇以上にわたる領土に関する係争を扱ってきたが、そのうち約三分の一が主権あるいは地上の領土に関するもので、約三分の一が海上における国境線の確定問題、残りは大陸棚に関するものであった。ほとんどの大陸で領土に関する係争が裁判所で扱われてきた。その意味では、裁判所は有効な領土問題解決の一つの場を提供している。

日本には近隣諸国との間に領土問題がある。ロシアとの間には北方領土問題があり、北方四島は日本に帰属するというのが日本政府の公式見解だが、ロシアが第二次世界大戦以来、実効支配している。

韓国との間には竹島《たけしま》問題がある。日韓両国とも領有権を主張しており平行線だが、この島は韓国が実効支配している。中国との間には尖閣《せんかく》諸島を巡る論争がある。この諸島は日本の領土であるというのが日本の公式見解であり、また実効支配している。東京都の買収への動きの中で政府が地権者から買収し、実質的に国有化した。

北方領土問題については、政府は長年二国間交渉の中で解決するべきものであるとして国際司法裁判所には提訴しなかった。一九五〇年代の日ソ国交回復交渉の中で、歯舞《はぼまい》・色丹《しこたん》の二島返還で国交を回復しようとした動きもあったが、四島返還に固執したため、領土問題の解決には至らなかった。その後六〇年近く経っても解決はしておらず、クリミア併合やウクライナ東部の問題で明確なように、ロシアの北方領土問題での譲歩は簡単には期待できない。

　そのため、二国間交渉が進展しない場合には、交渉妥結に向け新たな発想や視点が必要となるのではないか。国際司法裁判所の活用や二段階返還とそれに伴う漁業権の拡大、香港やマカオの例のような租借、期限付き共同統治など選択肢がないわけではない。これについては国民的議論が必要であろう。

　竹島領有権問題については、一九五二年に韓国がいわゆる「李承晩《イ・スンマン》ライン」を設定したため、一九五四年に国際司法裁判所に付託することを提案したが、韓国はこの提案を拒否した。また、一九六二年の日韓外相会談でも国際司法裁判所に付託することを提案したが、韓国はこれを受け入れなかった経緯がある。

　二〇一二年に、時の李明博《イ・ミヨンバク》大統領が竹島に上陸したのをきっかけに再度竹島を巡る論争が表面化し、日本政府内でも再度、国際司法裁判所に提訴する案が浮上してきたが、日韓関係を考慮して、まだ単独提訴には至っていない。

　提訴しても韓国側が応じることはないため、問題の解決につながらないことに加え、日韓関係がさらに拗《こじ》れる可能性もあるからだ。日本はすでに国際司法裁判所の義務的管轄権を受け入れているが、韓国は受け入れていないため、単独提訴した場合でも裁判所の判断が韓国側を拘束することはない。

国際司法裁判所以外にも、例えば国連海洋法条約（海洋法）第一五章の紛争解決手続きに基づき仲裁を求める選択もあるが、韓国が国境画定問題では仲裁の受け入れを留保しているため、そのような選択は効果が期待されない。

もっとも、フィリピンと中国との南シナ海における領土を巡る紛争については、フィリピンは海洋法の紛争解決手続きに基づき仲裁を求める決定をした。その場合でも、仲裁の目的は領土画定とはなっていない。中国が一方的に宣言した「九段線」が海洋法に違反しているとの主張や、水面下になることもある海洋部分が経済権益を生み出すか、また、フィリピンの排他的経済水域や大陸棚を超える一部の海洋部分に対してフィリピンの権益が及ぶかどうかといった点に関して、仲裁を求めるという形の訴えになっている。

結局、日韓関係の改善が領土論争を解決に導く足掛かりになるかどうかである。過去には日韓漁業協定を結び漁業資源を分け合うこともあったように、両国関係が改善すれば相互利益の観点から接点を見つけていくことも可能であろう。

尖閣諸島に関して日本は、固有の領土であり、領有権そのものが争いの対象とならないとの見解を維持している。一九七〇年代に東シナ海に石油資源が埋蔵《まいぞう》している可能性が出てくるまで、中国が領有権を主張することがなかったことからも、中国の強硬的態度への反発は大きい。中国は国際司法裁判所の義務的管轄権を受け入れてはおらず、海洋法でも領土画定問題では留保を付けているので、こうした第三者の判断で司法的解決を求めることはできない。

日中間の領土係争も、詰《つ》まるところ日中の政治関係によって左右される。政治関係が改善されれば、両国間の係争処理にもそれなりの方法が見出せるかもしれない。

国連PKO参加の条件

日本の国連平和維持活動（PKO）への参加が政治課題として表面化したのは、一九九〇年八月に起きたイラクのクウェート軍事進攻、併合に端を発した湾岸危機の時だった。この時は、米国を中心とした多国籍軍支援に関する議論で、憲法上の制約や国内政治問題から最終的には財政面での支援に留《とど》まった。

その後、ペルシャ湾への機雷掃討《そうとう》活動などを実現させ、さらに、カンボジアでの国連平和維持活動が本格化するにつれて、国連PKO参加のための法的整備が必要となり、一九九二年六月に「国際平和維持活動等に対する協力に関する法律」(国際平和協力法)が成立した。

日本の国連PKO参加が、多国籍軍への協力を模索する形で出てきたことから、国連PKOは当初否定的なイメージを持たされることになった。これが払拭《ふっしょく》されるまでには具体的なPKO活動実績を積み上げ、国民の理解を得ることが必要となり、しばらく時間がかかった。

この国際平和協力法は、自衛隊の海外派遣に対する国内の強力な抵抗もあり、厳しい文民統制の枠がはめられることになった。参加するに際しての基本的な五原則や、国連PKOでも部隊派遣をベースにした平和維持部隊(PKF)業務が当面凍結されたことなどはその結果だった。

国連PKOの参加五原則は次のように規定されている。

1. 紛争当事者の間で停戦合意が成立していること
2. 当該平和維持隊が活動する地域の属する国を含む紛争当事者が、当該平和維持隊の活動及び当該平和維持隊への我が国の参加に同意していること
3. 当該平和維持隊が特定の紛争当事者に偏《かたよ》ることなく、中立的立場を厳守すること
4. 上記の基本方針のいずれかが満たされない状況が生じた場合には、我が国から参加した部隊は、撤収することができること
5. 武器の使用は、要員の生命等の防護のために必要な最小限のものに限られること

この五原則の下にカンボジアやモザンビーク、ゴラン高原などで自衛隊を部隊派遣し、それなりの評価を受けることになった。

しかし、冷戦後の国連PKOは内戦への対処が大部分を占めるようになり、その多くで紛争当事者の停戦合意がないか、あっても遵守《じゅんしゅ》されない状況が頻繁《ひんぱん》に起こるようになった。国連PKOには受入国の同意が必要だが、国内の紛争当事者全てから同意を取り付けることには無理がある場合もある。

国連ＰＫＯで、紛争当事者の間で不偏を守るというのは基本的な政策であるが、住民に対する大規模な殺害や人権侵害があったり、レイプを戦争の手段として使っているような戦争犯罪があった場合には、国連ＰＫＯは「中立」であってはならないということが長年の経験から確立している。

そして、最近の国連ＰＫＯの任務には「市民の保護」が加えられている。市民の保護のためには武器を使用することが認められており、自己防衛のための武器使用の範囲を超えた大幅な権限が、国連ＰＫＯに与えられている。また、コンゴ民主共和国東部の場合のように、国連ＰＫＯに戦う部隊である「介入部隊」が挿入されている場合もある。

このように、国連ＰＫＯが時代の要請の変化とともに変遷《へんせん》している中で、日本のＰＫＯ参加五原則を、そのまま維持することが望ましいのかどうか考え直す時期に来ている。

集団的自衛権論議にもつながる「一般市民の保護」の考え方

日本の集団的自衛権論議の中であまり表面に出てこなかったものに、国連ＰＫＯでも大きな任務となっている「市民の保護」がある。これは武器の使用範囲に関して同じような状況が起こりうるため、日本の立場をより明確にしておく必要がある。

現に、日本が参加している南スーダンのＰＫＯでは政権内部の武力衝突が内戦化し、国連部隊の宿営地や国連ＰＫＯが管理する空港などに、多くの一般市民が身の安全を求めて避難してきている。そして、すでに述べたように国連ＰＫＯには、自己防衛以外にそのような一般市民を守るために必要に応じて武力を行使することが許されている。

一般市民の保護は、一九九〇年代のルワンダやボスニアでの大量虐殺事件を教訓に、国連安保理決議で国連ＰＫＯの任務に規定された。そのような決議をどう実施するかは加盟国の政治的判断に任されているものの、市民の保護のために国連ＰＫＯが武力を行使することについては、国際法上認められているだけではなく、国際的にも広範な支持がある。

そのような中で、日本のＰＫＯ部隊が他の部隊と同様に武器使用ができるかどうかという問題である。特に、国連以外の第三者の保護のためという場合や、部隊長の命令がでる前に武器を使用できるか、さらには相手が撃ってくる前に武器を使用することができるかといった問題がある。

ここで注意しなければならない点は、自衛の概念が、自らが攻撃されてから初めて武力を行使できるということではなく、脅威が存在し、その脅威が実際に攻撃になろうとする時であれば、相手が攻撃する前に攻撃することができる、ということである。

したがって、国連ＰＫＯの場合、武装勢力が国連ＰＫＯの宿舎に入り、そこに避難している一般市民を攻撃しようとした時、武装勢力が発砲する前に武力を行使してもよいということになる。国連ＰＫＯは部隊で参加していても、個人の判断で武器を使用する状況が出てくる。

他の国連ＰＫＯ要員を守る、そして市民を保護するために武力を行使することは、集団的自衛の概念にもつながる。日本が国連ＰＫＯに参加しながら、そのような任務を行使できないというのは、国際法上認められている任務を果たせないだけではなく、人道上の問題を提起することにもなる。「人間の安全保障」を重視する姿勢を明らかにしている日本の真意が問われてしまう。

日本国憲法でも国際の平和へ努力する責務を重んじ、全世界の国民が平和のうちに生存する権利を明確に認めている。日本の国際貢献のさらなる向上が望まれている時、それを可能にするのは日本の国民と政治指導者の責務である。

なぜ安保理改革は実現しないのか

冷戦後の安保理の活性化に伴い、国連の実質的政策決定機関となった安保理に対し、これを改革してより多くの加盟国がこの政策決定機関に参画しようとしたのは自然の成り行きだった。しかし、そこには幾多《いくた》の障壁が待ち構えていた。

安保理改革は国連総会の議題として取り上げられ、具体的には一九九三年に総会に作業部会が設置され、そこで詳細が審議されることになった。安保理の構成は当初一一カ国であったが、一九六五年に新たに非常任理事国を四カ国追加して一五カ国に拡大した。これは、加盟国が五一カ国から一〇〇を超える数に増えたことを背景にしていた。

国連の加盟国はその後も増加し、二〇一四年には一九三カ国となっていることからみても、より多くの加盟国が参画して安保理の代表性を高めることは、大まかな総意となっている。問題はどのように改革するかだ。

まず、国連創立以来変わっていない常任理事国の数である。常任理事国は拒否権を付与され、改選はない。これは相当の特権である。安保理は国連事務総長を推薦する権利を有しており、常任理事国の同意が必要となる。選出された事務総長は安保理の意向を無視できず、高級人事の任命でも常任理事国の意向を反映する。

拒否権の行使は極めて政治的であり、国連本来の集団安全保障体制が十分に機能していない背景に、この常任理事国の利害や常任理事国間の対立がある。国際政治面での力のバランスも徐々に変化しており、経済大国の日本や一二億人を超える人口を持つインド、EUの中核のドイツ、成長著しいブラジルなどは常任理事国入りを目指している。

しかし、これに対してはそれぞれの国と競合する諸国が反対しており、常任理事国を増やす場合でも、拡大の規模や拒否権の扱い方などで大きな隔《へだ》たりがある。アフリカ諸国などは二つの常任理事国議席を要求している。非常任理事国枠の増加も常任理事国の拡大と関連して合意は見出されていない。

拒否権についても、これを制限しようとする動きがある。例えば、重要案件については二つの拒否権を必要とするといったものである。新たに常任理事国入りを目指している国々の中にも、拒否権は付与されても当面それを行使しないといった案もある。

ただし、拒否権は極めて大きな権限であり、その行使を制限しようとする動きは現常任理事国に受け入れられる余地はない。新たな拒否権の付与についても、たとえ不行使の時間的制限をつけても、拒否権の増加は、安保理そのものの機能不全につながる可能性がある
るため、これもそう簡単に受け入れられるものではない。

拒否権は確かに現常任理事国に大きな特権を与えており、その特権行使が国連を弱体化しているとの議論もあるが、拒否権をなくす、あるいは制限を設けると国連の形骸《けいがい》化につながる可能性がある。そのため、拒否権はある意味では国連を存続させるための必要悪にもなっているのが現実である。

こうした拒否権の問題を考える際の一つの材料が、国連の前身である国際連盟のたどった道である。国際連盟は、第一次世界大戦後に設立された集団安全保障体制だったが、主要国の日本、ドイツ、イタリア、ソ連が次々に脱退していくことにより崩壊してしまった。そして第二次世界大戦に突入してしまったのである。

このことに鑑《かんが》み、国連憲章では脱退の規定はない。除名はできるが、これまでに除名された国はない。普遍的国際政治機関として存続するためには、有力国を国連から追放することは賢明な選択ではないのである。

脱退規定はないにしても、常任理事国に拒否権がない場合、どうなるだろうか。国連との間で利害の対立が生じた時に国連に協力しない、あるいは参加しないということになる可能性が出てくる。これは実質的に脱退のようなものである。

例えば、ソ連は一九六〇年代のコンゴ動乱時に国連の行動を非難して、国連予算の分担金支払いを拒否したことがあり、国連を深刻な財政危機に陥《おとしい》れた。米国は一九八〇年代に国連に批判的になり、やはり分担金を滞納して国連を財政危機に陥れた。

国際政治の利害対立が頻繁に起こる中で、有力国が国連に残ることで、国連という機関が有効に存続することになる。有力国の利害が一致して、共同行動を取ることも多い。その意味では拒否権は必要悪なのである。

拒否権行使で国連が動かない場合は、国際的コンセンサスがないことの証明なのであり、その場合には別な問題の解決方法が模索《もさく》されないといけないことになる。国連は万能な紛争解決の場なのではなく、国際協調を助長する機関なのである。また、どの程度の協調が存在するかを知る一つのメルクマールでもある。

安保理改革では、さらに安保理の透明性や開放性についても議論がなされている。冷戦時代には安保理はかなり排他的で、安保理内での審議案件や討議内容についても公式会合以外では公表されることはあまりなかった。それが、安保理改革への要求が高まるにつれ、常任理事国側でも安保理の透明性拡大に関心を持ち始めた。

最近では毎月の作業計画は公表され、外交団や記者団へもブリーフされる。非公式協議の後、その月の議長国が記者ブリーフすることが慣例となった。安保理のメンバーでない国や機関、個人が理事会のメンバーにブリーフするような機会も設けられ、開放性についても改善されてきている。

一方で、このように安保理の透明性や開放性を高めることは、それによって安保理改革への気運を抑えようとする常任理事国側の政治的意図もあると考えられる。

安保理改革への道をさぐる

このような中で安保理改革への道はあるのであろうか。二〇〇七年三月二十二日付の朝日新聞に投書した中で、私は安保理改革に向けての次のような具体的提案をした。冒頭部分を除き紹介させていただく。

「まず認識しなければならないことは、これまでの経緯から、現時点で安保理常任理事国の枠を拡大させようとする努力は成功しない、ということである。

日本は、同様に常任理事国入りを目指すドイツ、インド、ブラジルと組んで常任理事国入りへの道を開く戦略を取った。04年に結成した「G4グループ」がそれである。ところがこの案は4カ国にライバル意識を持つイタリア、パキスタン、アルゼンチン、韓国などのコンセンサスグループに反対された。53カ国からなるアフリカグループは自らの常任理事国を二つ要求した。

米国は、新常任理事国は日本と途上国から1カ国のみとの立場を主張し、中国は日本の常任入りに反対の立場を表明した。安保理改組は国連憲章改正を必要とし、現常任理事国を含む加盟国の3分の2の批准が必要なため、日本の戦略は功を奏しなかった。

この行き詰まった安保理改革を打開するためには、まず改革を2段階に分けて考える必要がある。第1段階では、非常任理事国の枠の拡大にとどめ、第2段階として15年後をメドに、常任、非常任理事国のあり方を含め再度包括的な見直しを経て判断する、というものである。

第1段階での非常任理事国の枠の拡大については、いちばん合意を得やすいのは次の案と考える。まず非常任理事国の数を現在の10カ国から16カ国に増やす。現在2年の任期は4年に延ばし、再選も可能にする。

非常任理事国の枠については、世界を四つの選挙ブロックに分け、アフリカ（53カ国）とアジア太平洋諸国（56カ国）に五つずつ配分する。ヨーロッパ（西欧と東欧、計48カ国）は英、仏、ロシアが既に常任理事国であることから、非常任枠は三つとする。南北アメリカ（35カ国）の非常任枠も三つとする。

非常任理事国は現行と同じく、国連総会で3分の2の支持を得て選出される。安保理は現在の15カ国から計21カ国になるが、大幅な拡大を望まない米国と、25～26カ国への拡大を望む途上国との折衷案となる。

この案は現常任理事国の支持が可能で、地域大国にとっては、非常任ではあるがより恒常的な安保理入りが可能となる。また、中小国にも安保理入りへの道が残されている。常任と非常任との間の不公平感は残るものの、非常任理事国は同じ土俵に立ち、G4案に内在していた不公平感は解消できる。また、選挙は4年に1度でよい。

暫定的安保理改革により、より恒常的に非常任理事国としての安保理入りを実現し、自らの貢献度を世界にアピールすることが、日本の第2段階での常任入りを可能にする道ではないだろうか。」

この安保理改革案は、実は一年前の二〇〇六年に書かれたものであった。二〇〇五年のG4による安保理改革の努力が同年九月の世界サミット宣言に反映されずに頓挫《とんざ》した後のことであった。それから一〇年近く経っても状況はまったく変わらず、逆に安保理改革への関心が薄れてきてしまっている。

常任理事国のあり方は現実の国際政治を反映したものであり、国際政治に大きな地殻変動がないとそれを変えるのは難しい。例えば、EUの政治統合がさらに進んで、一つの政治母体となり、拒否権を持つ常任理事国になれば、現在イギリスとフランスが個別に持っている安保理常任理事国の席と拒否権が必要なくなる。

そのような場合には、当然常任理事国の改革につながり、日本を含めた他の地域大国の常任理事国入りの可能性も出てくる。しかし、現実にはEU統合はそれに抵抗する勢力やナショナリズムの拡大、ユーロ危機、スコットランドのような国家分裂への動きなどで大きな足踏みをしている。したがって、EUの政治統合を近い将来期待することはできない。

常任理事国のソ連が一九九一年に解体して、ロシアがこれを継承した時には、ロシアが常任理事国としてその席を継続することには異論が出なかった。ソ連は一五の共和国から成っており、それが解体してロシア自身もかなりの領土、人口、経済力が縮小したにもかかわらず、この機会を利用して安保理を改革しようとする動きが出てこなかったのである。

当時、日本はバブルが弾《はじ》け経済低迷の時期に入っていたものの経済的には世界第二の大国であった。しかし、ソ連の解体を機会に安保理改組をして常任理事国入りをしようという政治的動きは当時なく、それが出てきたのはしばらく後のことであった。

日本の国連予算分担率は、二〇〇〇年の二〇パーセントを頂点に二〇一四年には一一パーセントを切るほどに低下している。経済的にはすでに中国に抜かれ、世界第三位に落ちている。人口も減少傾向に転じ、二〇一四年時点で世界一〇位である。

このような経済力の減少傾向の中で、日本の常任理事国入りだけを目指すのは、実現が困難で賢明なものではない。

日本が日米同盟を堅持している間は、安保理で日本に不利な決議案が出てくるような時には米国の拒否権で葬《ほうむ》ることができる。日本にとって一番大事なことは、国連で最も重要な政策決定機関となっている安保理に恒常的に席を確保し、その政策決定に参画することである。そのような積極的参画があってこそ、継続的な日本の国連外交が国民に支持されるのではないだろうか。

おわりに

本書では問題解決への視点を、グローバルな課題への対処から国連のローカルな問題への対処、さらにはグローバル人材の養成やコンピテンシーなどを通じて社会や個人のレベルまで広げてみた。

日本の「国際化」が言われてから久しい。その「国際化」とは、日本経済の成長に伴い外国との接点が増える中で、日本人や日本の企業がどのように日本以外の地で活動できるかが焦点だった。つまり、異文化社会の中にいかに溶け込んでいくかが、国際化の課題としてみられてきた。

と同時に、日本の国際化は日本の外だけでなく、実は国内でも相当に進んでいた。日本の高学歴化、少子化、高齢化、都市化などに伴い、労働人口パターンも変化しており、多くの外国人労働者がすでに相当な数で入ってきている。

この「国際化」は、情報コミュニケーション技術の急速な発展や輸送、流通システムの世界的拡大、金融の自由化などで、次第に「グローバル化」として捉えられるようになった。それだけ地球が「狭く」なってきたと同時に、日本と世界の接点が国や企業だけではなく、社会や個人のレベルまで広がってきたのである。グローバル人材育成の必要性が高まってきた背景には、このような変わりゆく世界の現実がある。

グローバル化は多くの恩恵をもたらしていると同時に、多くの課題を突き付けている。本著で概観したように、気候変動や国際テロ、組織犯罪など国境を越えた問題がグローバルな影響を与えており、国際連携や国際機関の役割を増大させている。

国家の政策も、社会や個人のあり方も、よりグローバルな視点からみて判断する時代になってきた。日本の将来を考え、世界の将来を共に考え、グローバルな課題にも積極的に対処することが、ますます必要になってきている。

世界の成長も、国家の成長も、社会の成長も、そして個人の成長も一つのつながった線と面になってきている。あらゆるレベルで一層のグローバル化が必要になってきているのである。

切りとり線

★読者のみなさまにお願い

この本をお読みになって、どんな感想をお持ちでしょうか。祥伝社のホームページから書評をお送りいただけたら、ありがたく存じます。今後の企画の参考にさせていただきます。また、次ページの原稿用紙を切り取り、左記まで郵送していただいても結構です。

お寄せいただいた書評は、ご了解のうえ新聞・雑誌などを通じて紹介させていただくこともあります。採用の場合は、特製図書カードを差しあげます。

なお、ご記入いただいたお名前、ご住所、ご連絡先等は、書評紹介の事前了解、謝礼のお届け以外の目的で利用することはありません。また、それらの情報を6カ月を越えて保管することもありません。

〒101-8701（お手紙は郵便番号だけで届きます）
祥伝社新書編集部
電話03（3265）2310

祥伝社ホームページ　http://www.shodensha.co.jp/bookreview/

★本書の購入動機（新聞名か雑誌名、あるいは○をつけてください）

＿＿＿新聞の広告を見て	＿＿＿誌の広告を見て	＿＿＿新聞の書評を見て	＿＿＿誌の書評を見て	書店で見かけて	知人のすすめで

★100字書評……国連広報官に学ぶ 問題解決力の磨き方

名前

住所

年齢

職業

植木安弘　うえき・やすひろ

上智大学総合グローバル学部教授。1954年栃木県生まれ。1976年上智大学外国語学部卒。コロンビア大学大学院で国際関係論修士号、博士号取得。1982年より国連事務局広報局に勤務、国連事務総長報道官室などを歴任した。東ティモールで政務官兼副報道官、イラクで国連大量破壊兵器査察団報道官、津波後のインドネシアのアチェで広報官なども勤める。国連退官後の2014年より現職。主な著書に『日本の国連外交』(英)、『イラクでの大量破壊兵器査察』(日、英）などがある。

国連広報官《こくれんこうほうかん》**に学**《まな》**ぶ　問題解決力**《もんだいかいけつりょく》**の磨**《みが》**き方**《かた》

植木安弘《うえきやすひろ》

2015年2月10日　初版第1刷発行

発行者……………竹内和芳
発行所……………祥伝社しょうでんしゃ
〒101-8701　東京都千代田区神田神保町3-3
電話　03(3265)2081(販売部)
電話　03(3265)2310(編集部)
電話　03(3265)3622(業務部)
ホームページ　http://www.shodensha.co.jp/

装丁者……………盛川和洋
印刷所……………堀内印刷
製本所……………ナショナル製本

Printed in Japan ISBN978-4-396-11399-5 C0231

〈祥伝社新書〉
仕事に効く一冊

095
デッドライン仕事術　すべての仕事に「締切日」を入れよ
仕事の超効率化は、「残業ゼロ」宣言から始まる！

元トリンプ社長　吉《よし》越《こし》浩一郎

207
ドラッカー流　最強の勉強法
「経営の神様」が実践した知的生産の技術とは

ノンフィクション・ライター　中野　明

227
仕事のアマ　仕事のプロ　頭ひとつ抜け出す人の思考法
会社員には5％のプロと40％のアマがいる。プロ化の秘訣とは

経営コンサルタント　長谷川和廣

306
リーダーシップ3.0　カリスマから支援者へ
強いカリスマはもう不要。これからの時代に求められるリーダーとは

慶応大学SFC研究所上席所員　小杉俊哉

357
物語　財閥の歴史
三井、三菱、住友を始めとする現代日本経済のルーツをストーリーで読み解く

ノンフィクション・ライター　中野　明